CB082736

DE:

....

PARA:

....

Estrela Guia

VOCÊ CONSEGUE!

Conselhos preciosos

SBN EDITORA

Acorde pronto para se

AVENTURAR!

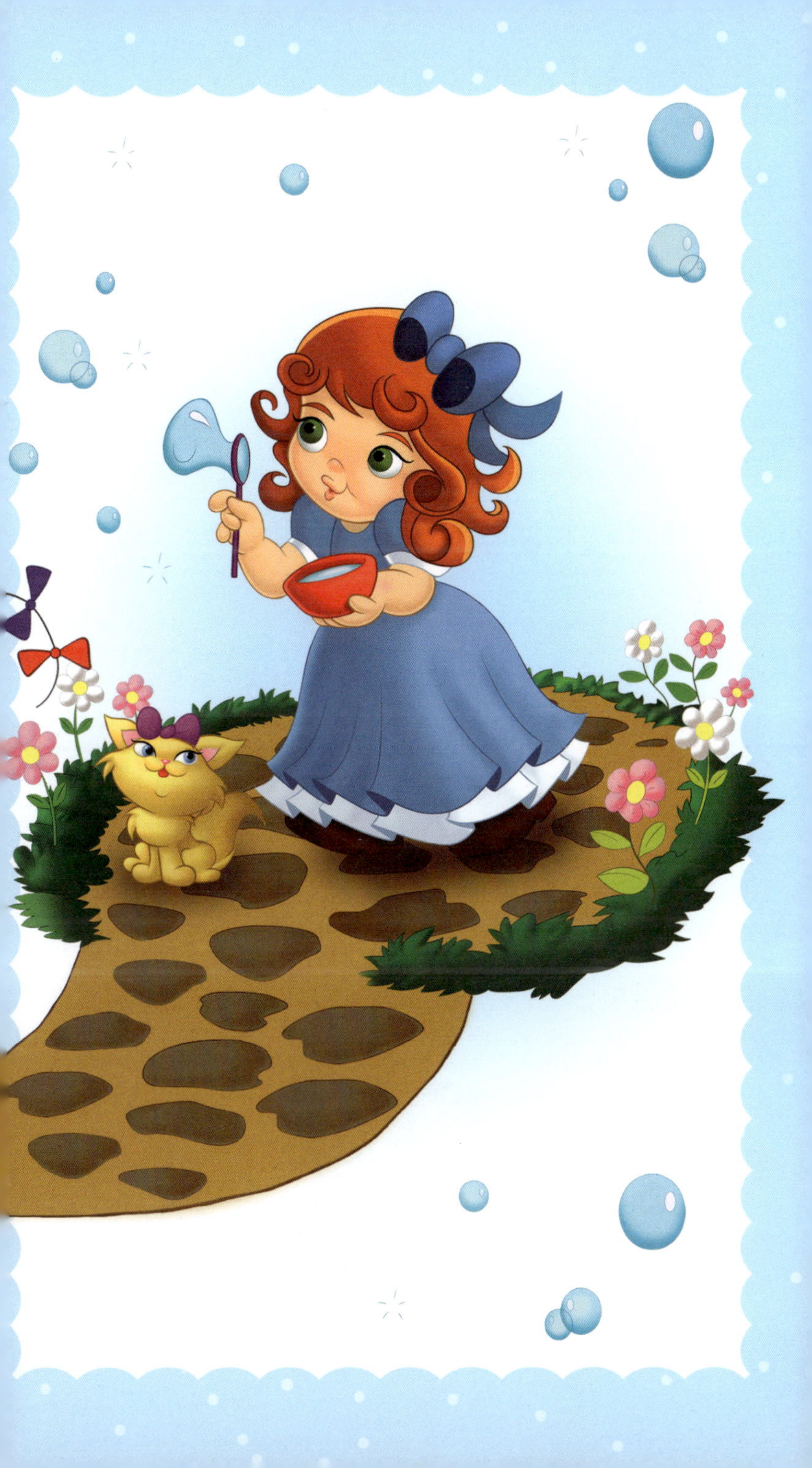

SE ESFORCE

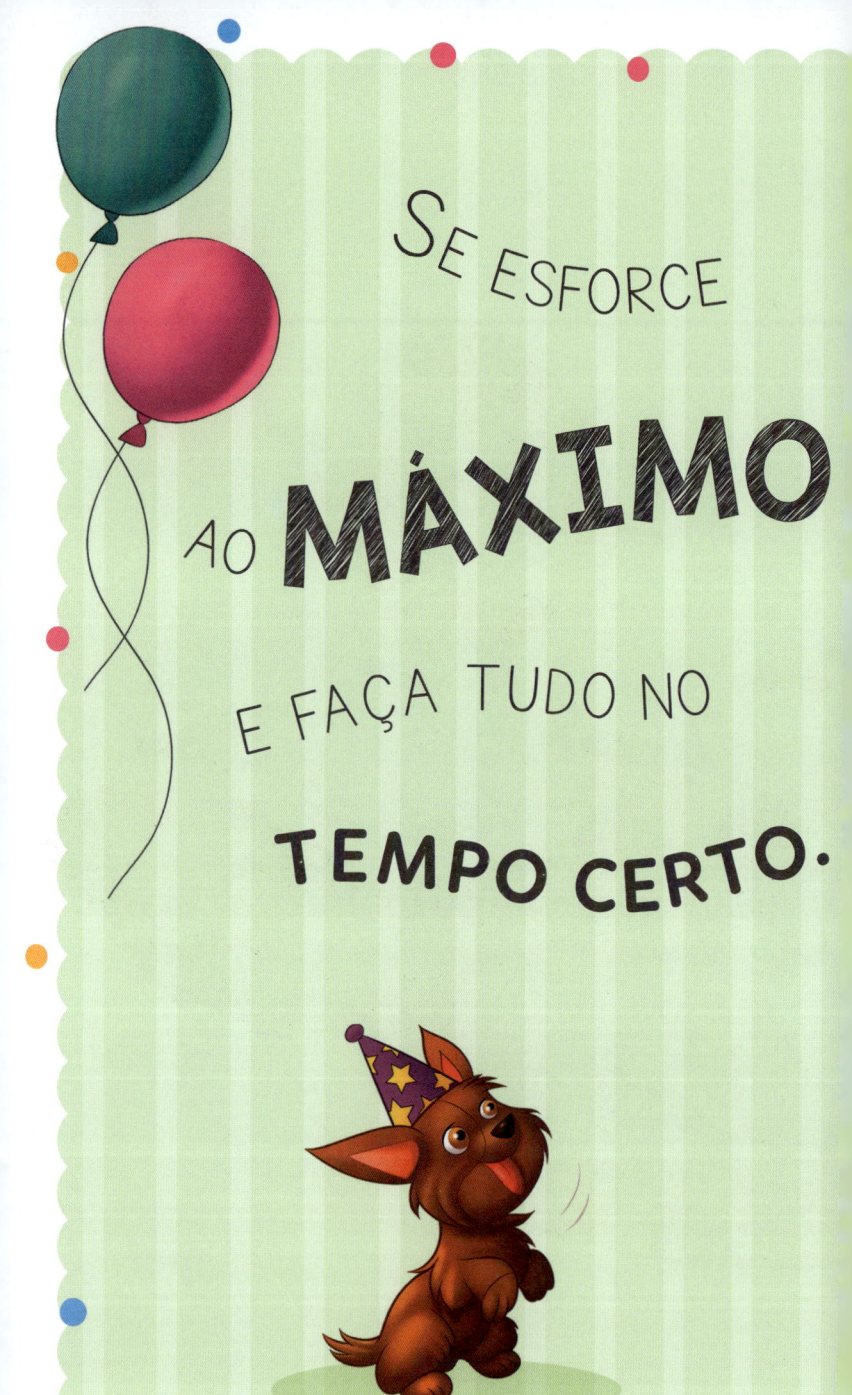

AO **MÁXIMO**

E FAÇA TUDO NO

TEMPO CERTO.

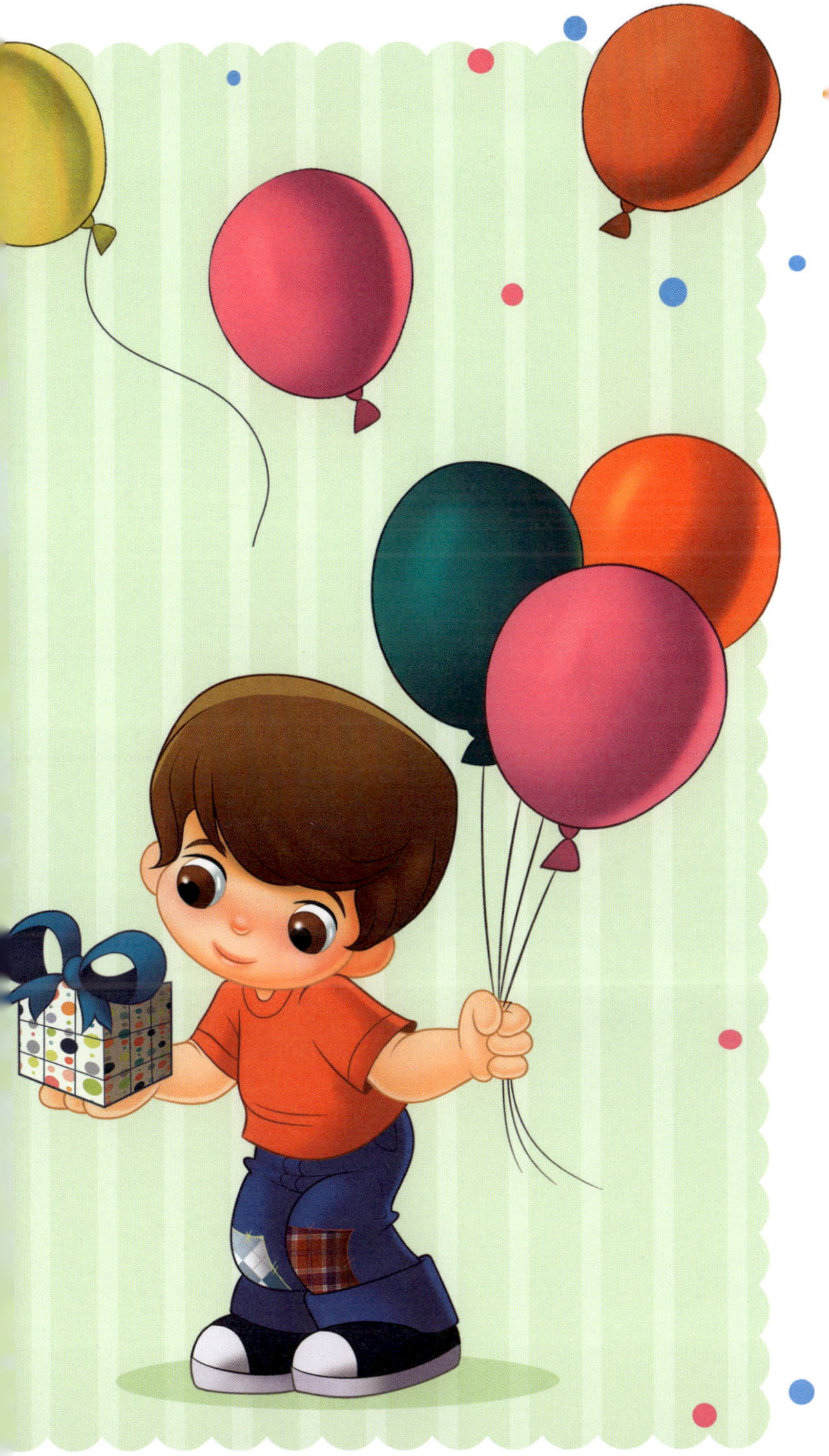

Cuide muito bem de você e da sua **saúde!**

Todo mundo precisa de cuidados e um pouquinho de tempo livre para

RELAXAR.

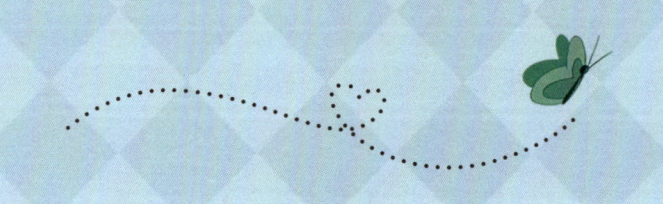

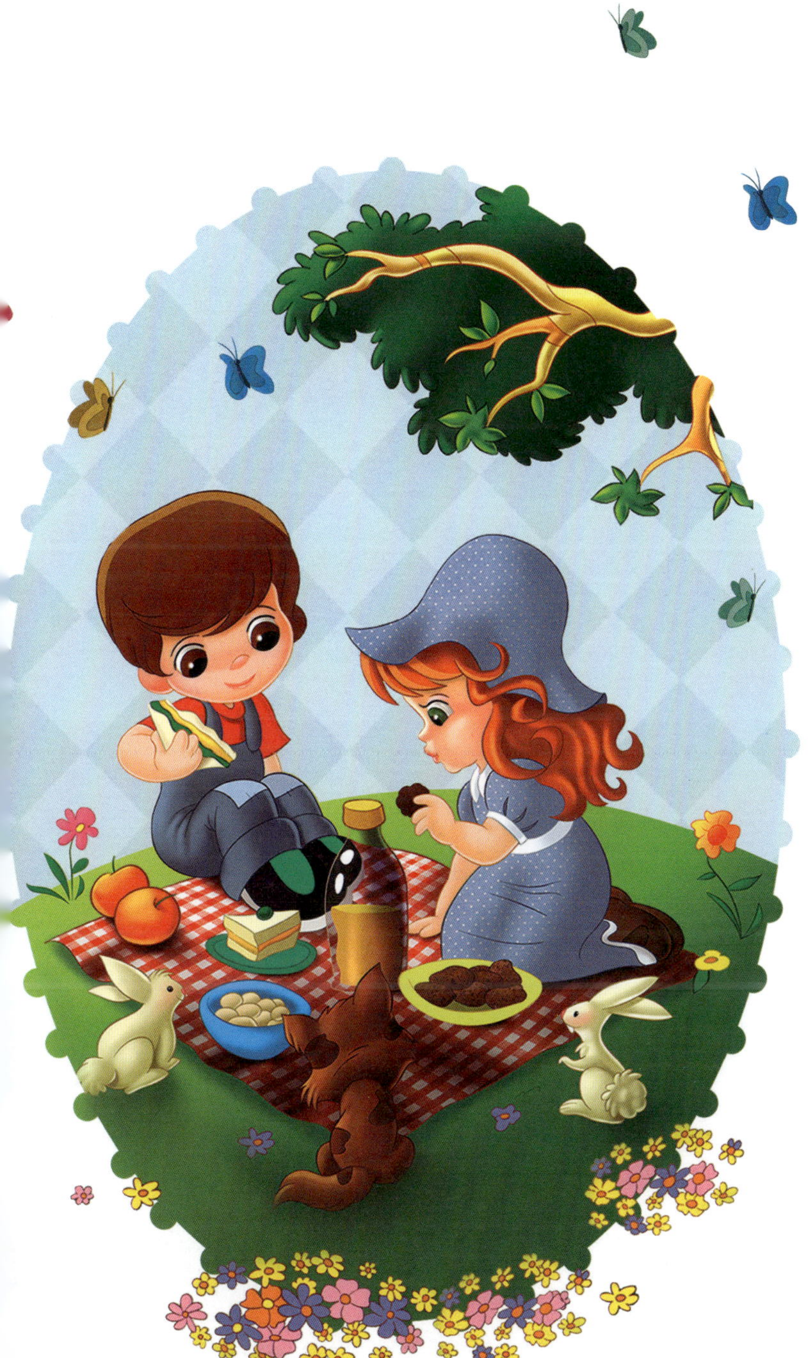

Tudo na **VIDA** é uma questão de EQUILÍBRIO!

- ♥ COMER
- ♥ RIR
- ♥ BRINCAR
- ♥ DORMIR
- ♥ TRABALHAR
- ♥ DESCANSAR

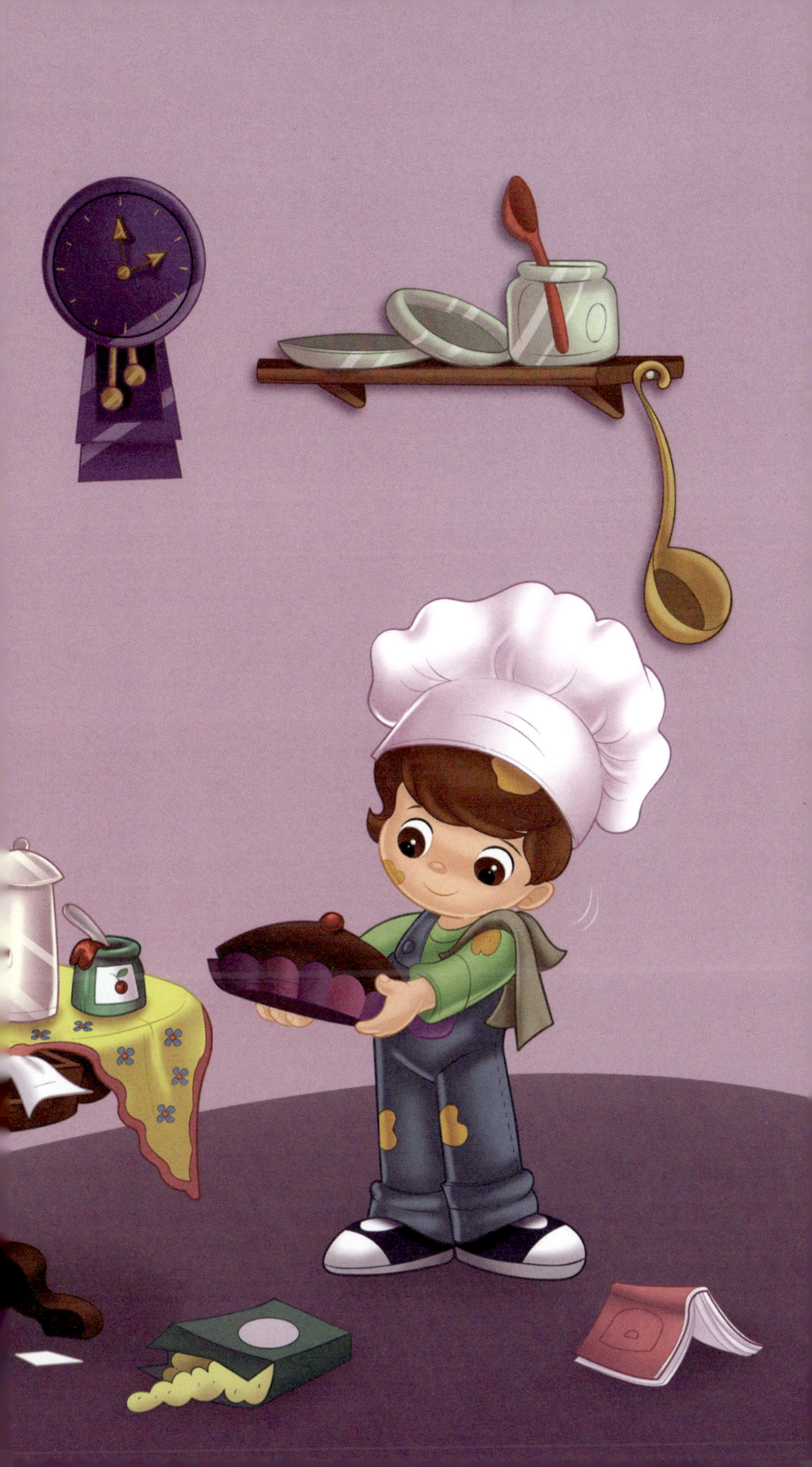

Lembre-se:

Alguns transportam **cargas** muito mais **pesadas** que as suas.

Seja **paciente!**

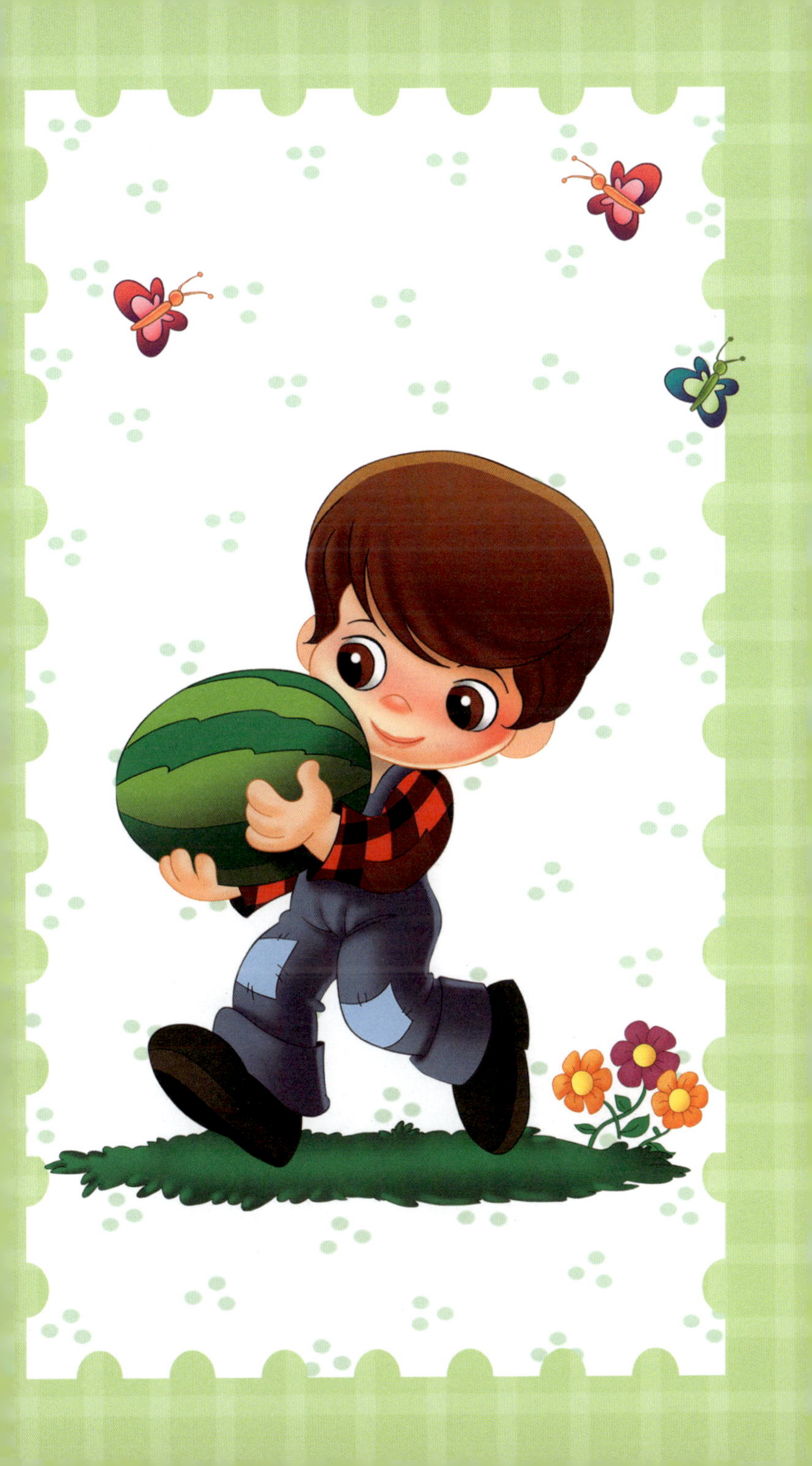

ÀS VEZES, A GENTE FICA NA DÚVIDA E SABER QUE **CAMINHO** SEGUIR PODE SER COMPLICADO.

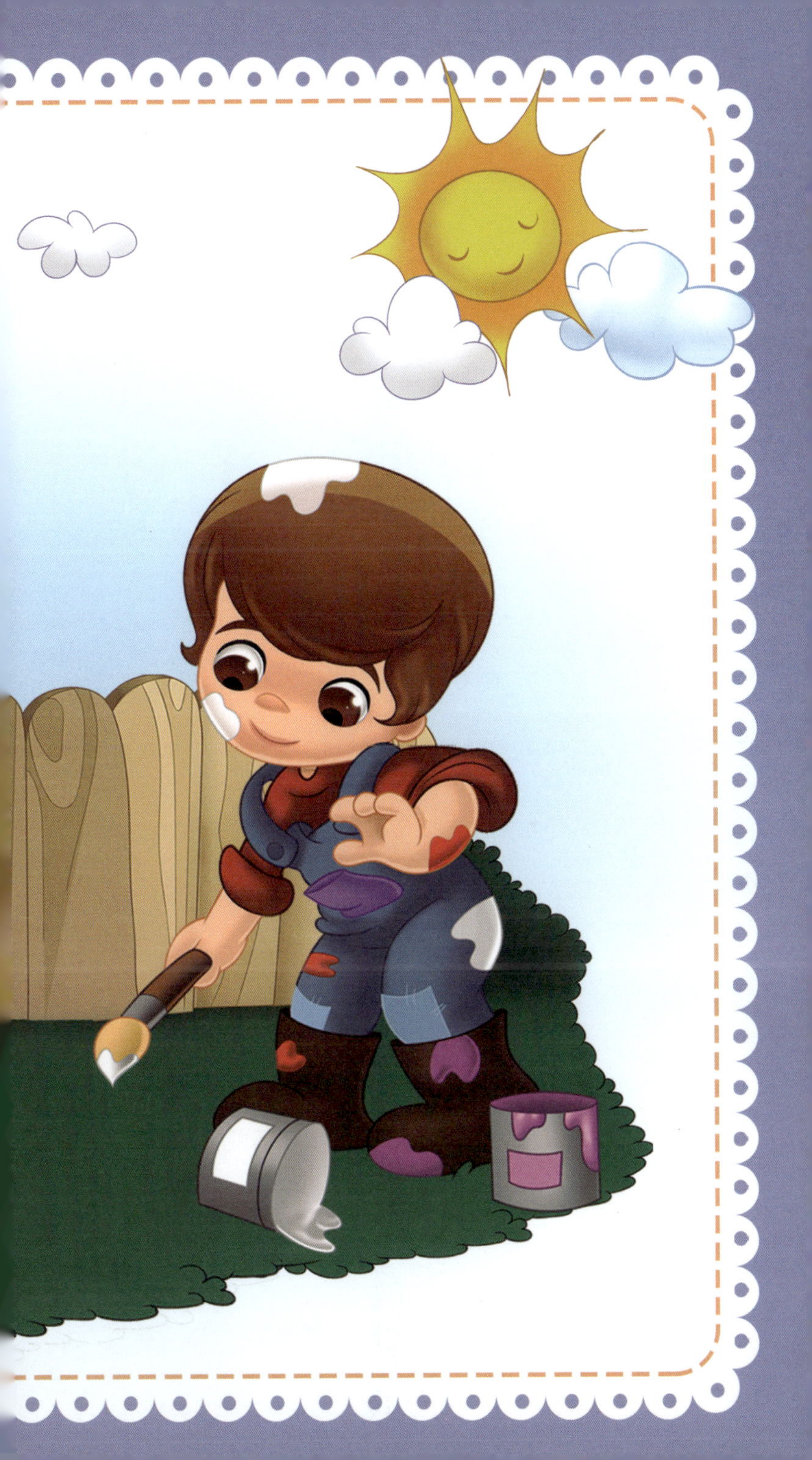

Não há nada melhor do que enfim

COMEÇAR!

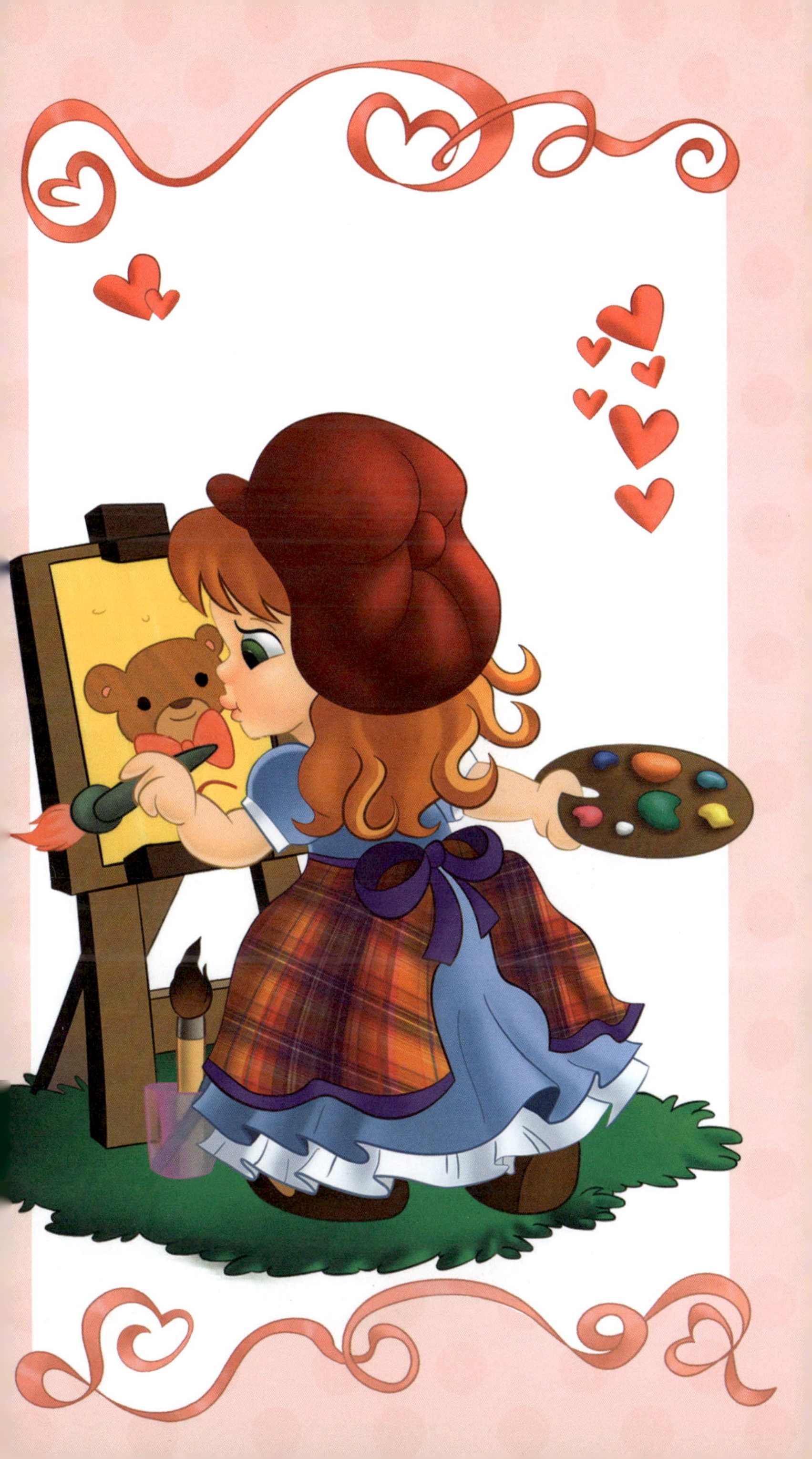

Se você não gostar do caminho que escolheu, **VOCÊ** SEMPRE **PODE** MUDAR DE RUMO.

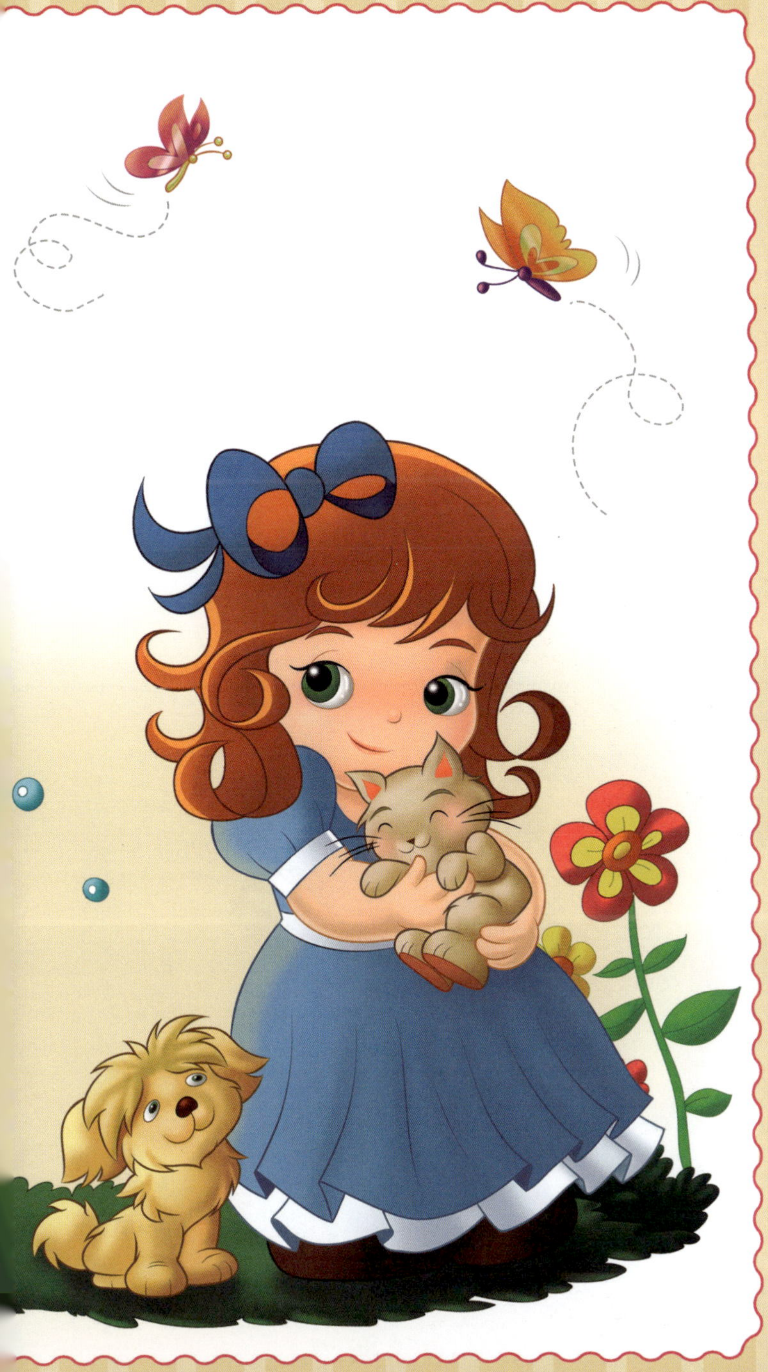

Muitas vezes, a escolha fora do comum traz uma **surpresa** inesperada.

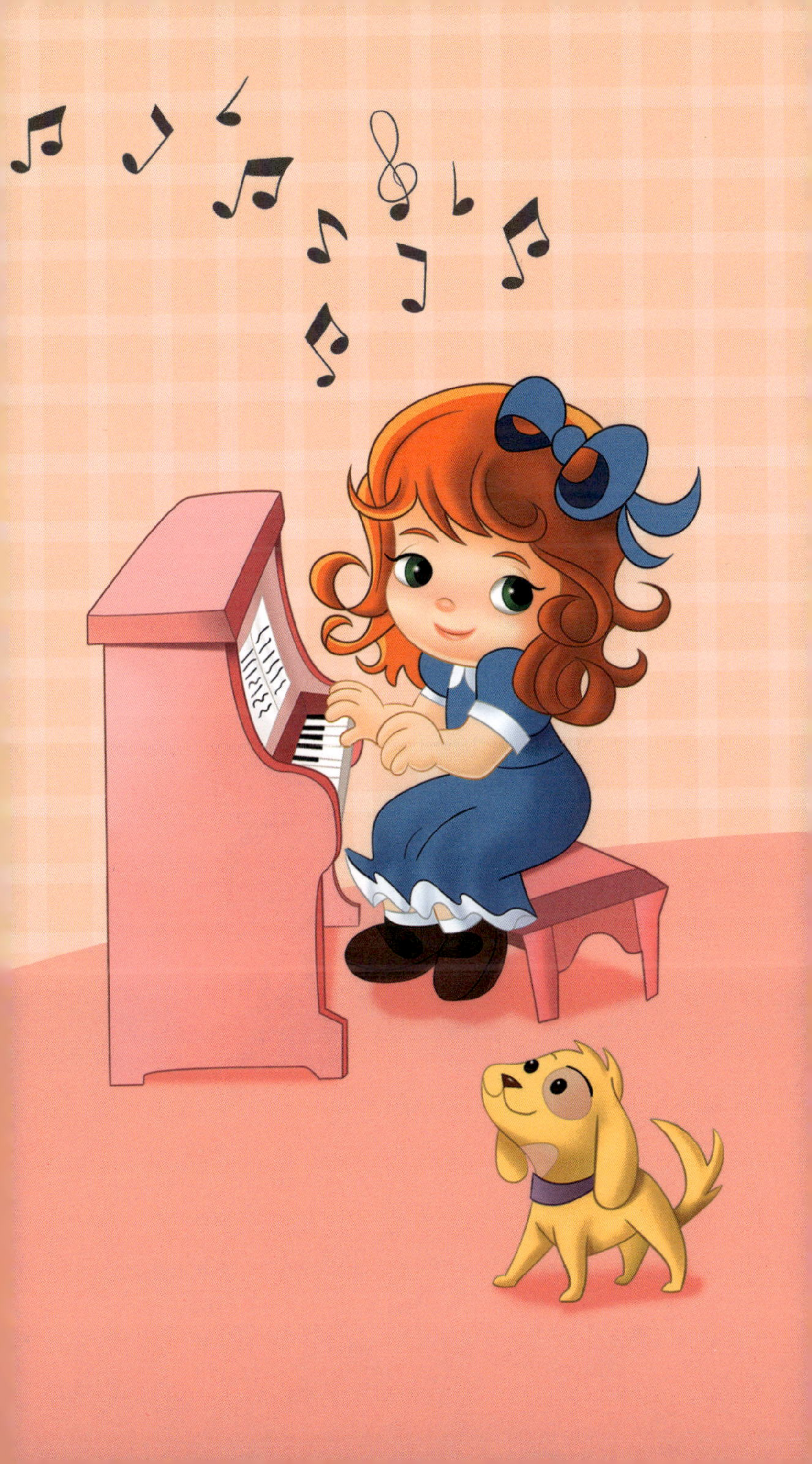

Seja

GENEROSO

E COMPARTILHE.

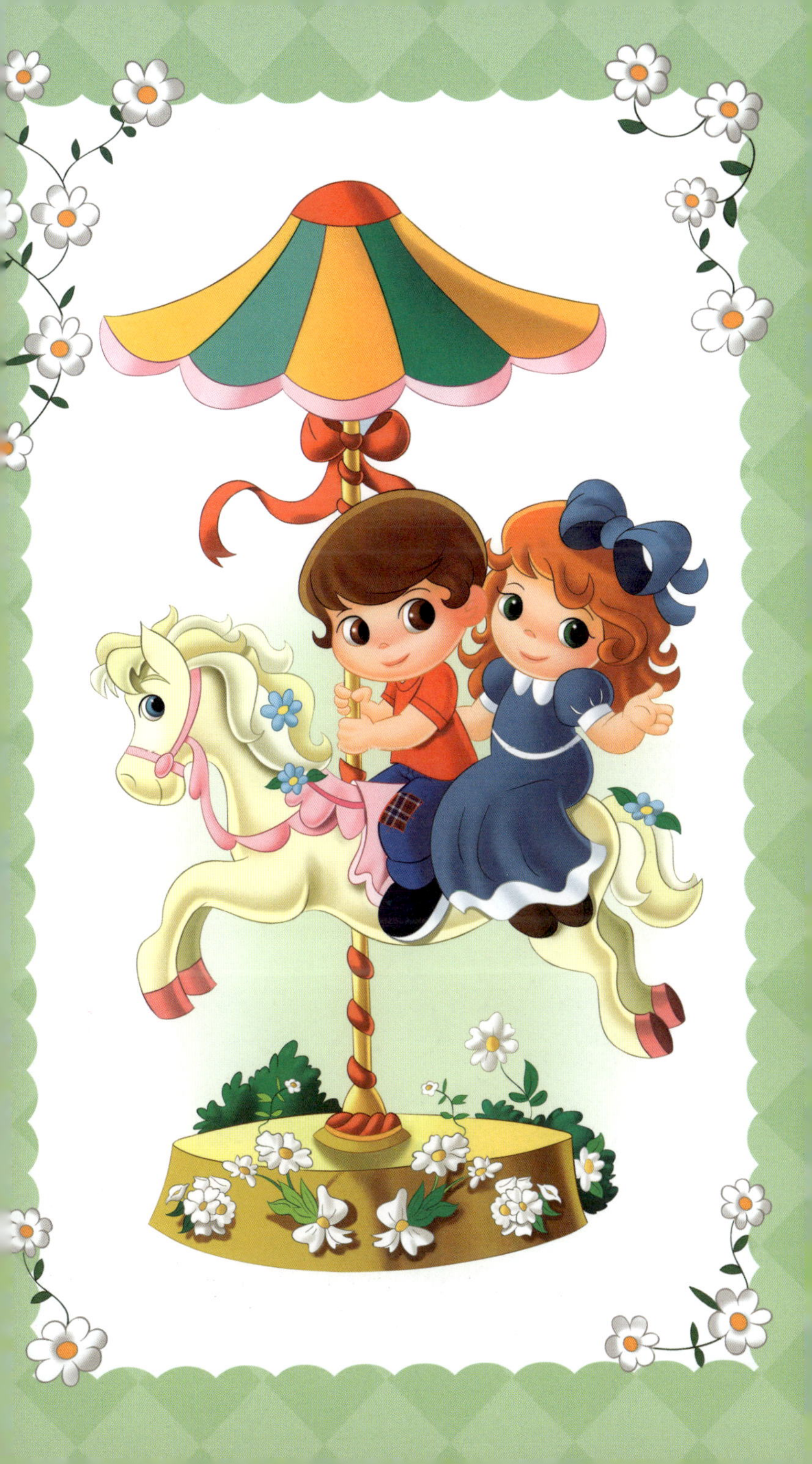

AJUDAR E SER PRESTATIVO VAI FAZER VOCÊ TER SEMPRE MUITOS **AMIGOS** NO DECORRER DA VIDA.

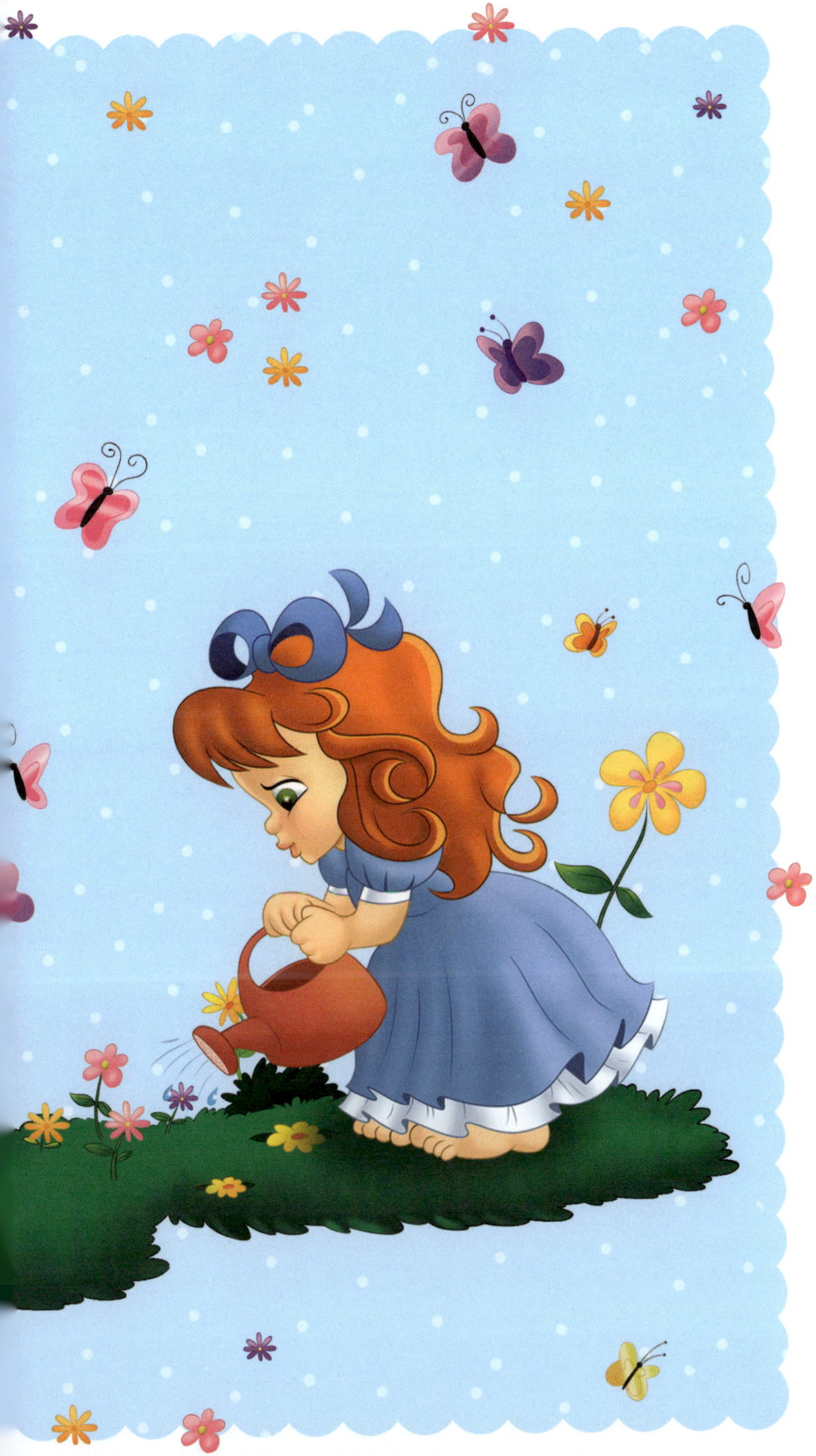

Nem sempre conseguimos enxergar onde termina a **ESTRADA** quando acabamos de **COMEÇAR.**

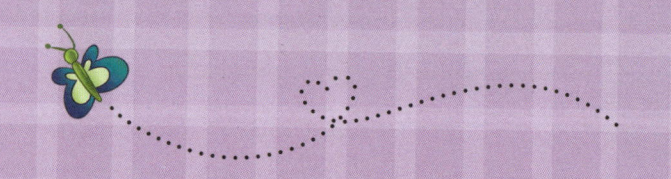

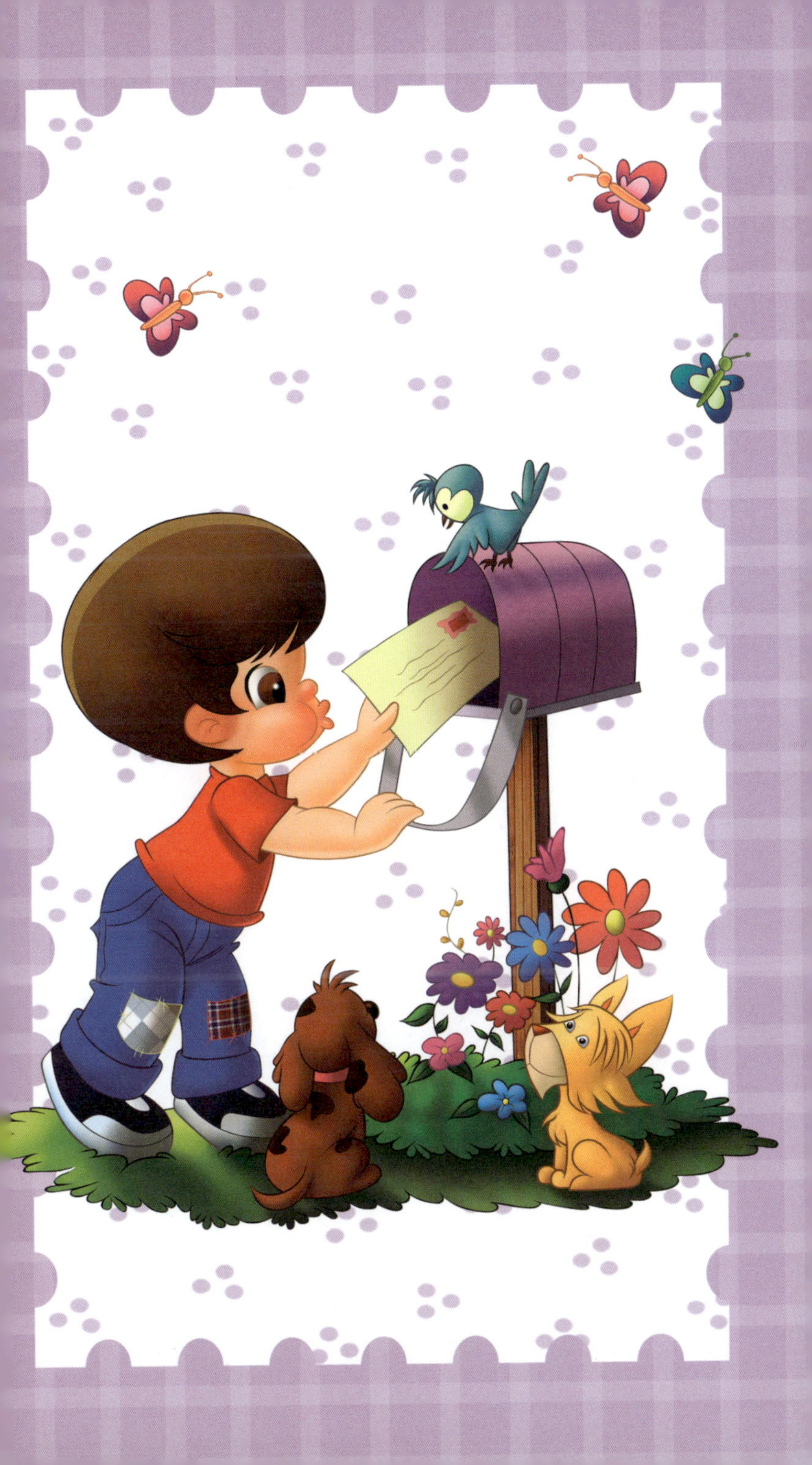

PODE HAVER

OBSTÁCULOS

QUE NÃO **PREVIMOS**

EM NOSSO PERCURSO.

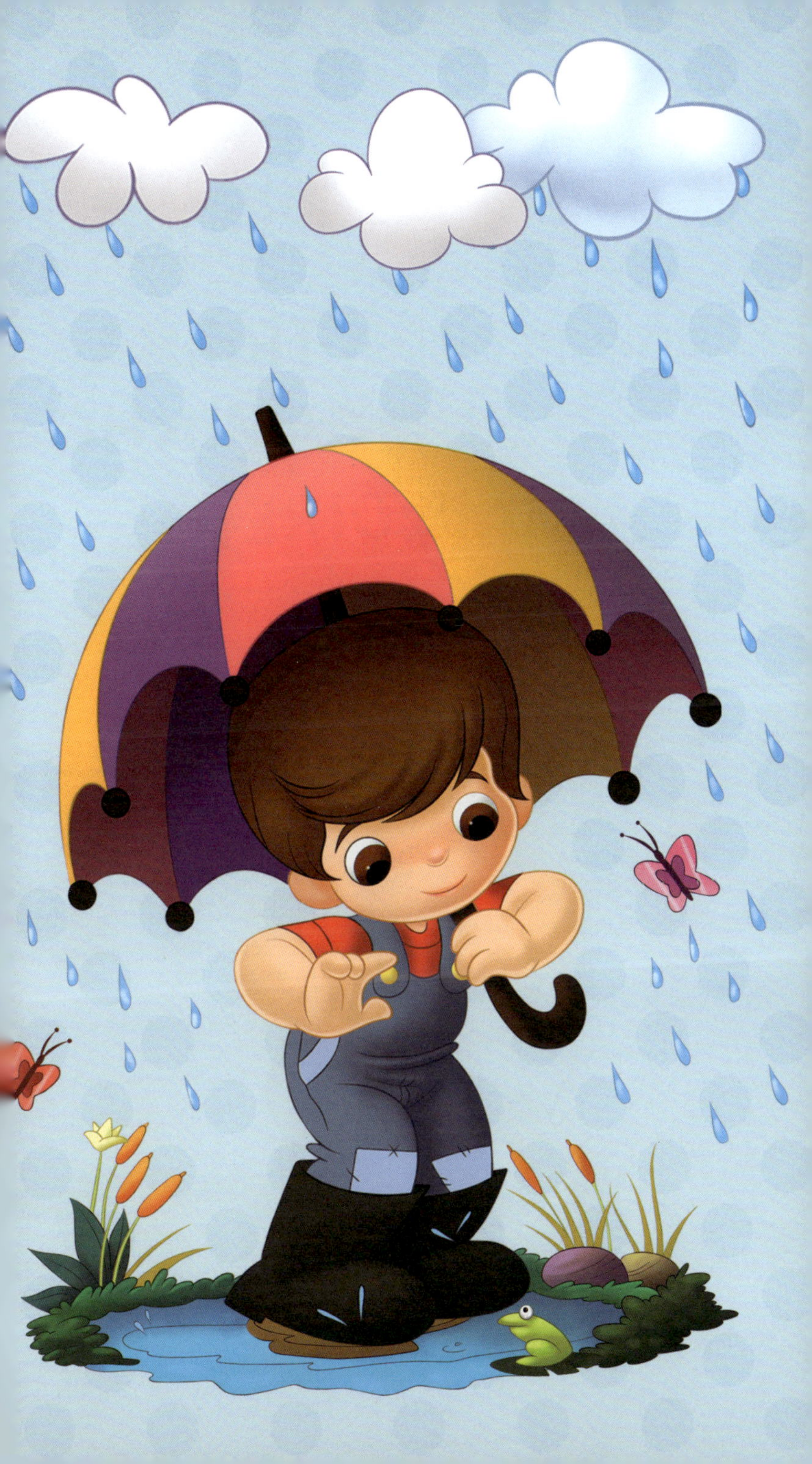

Encontrar obstáculos não significa que não exista outra **TRILHA** a seguir ou um **CAMINHO MAIS DIRETO!**

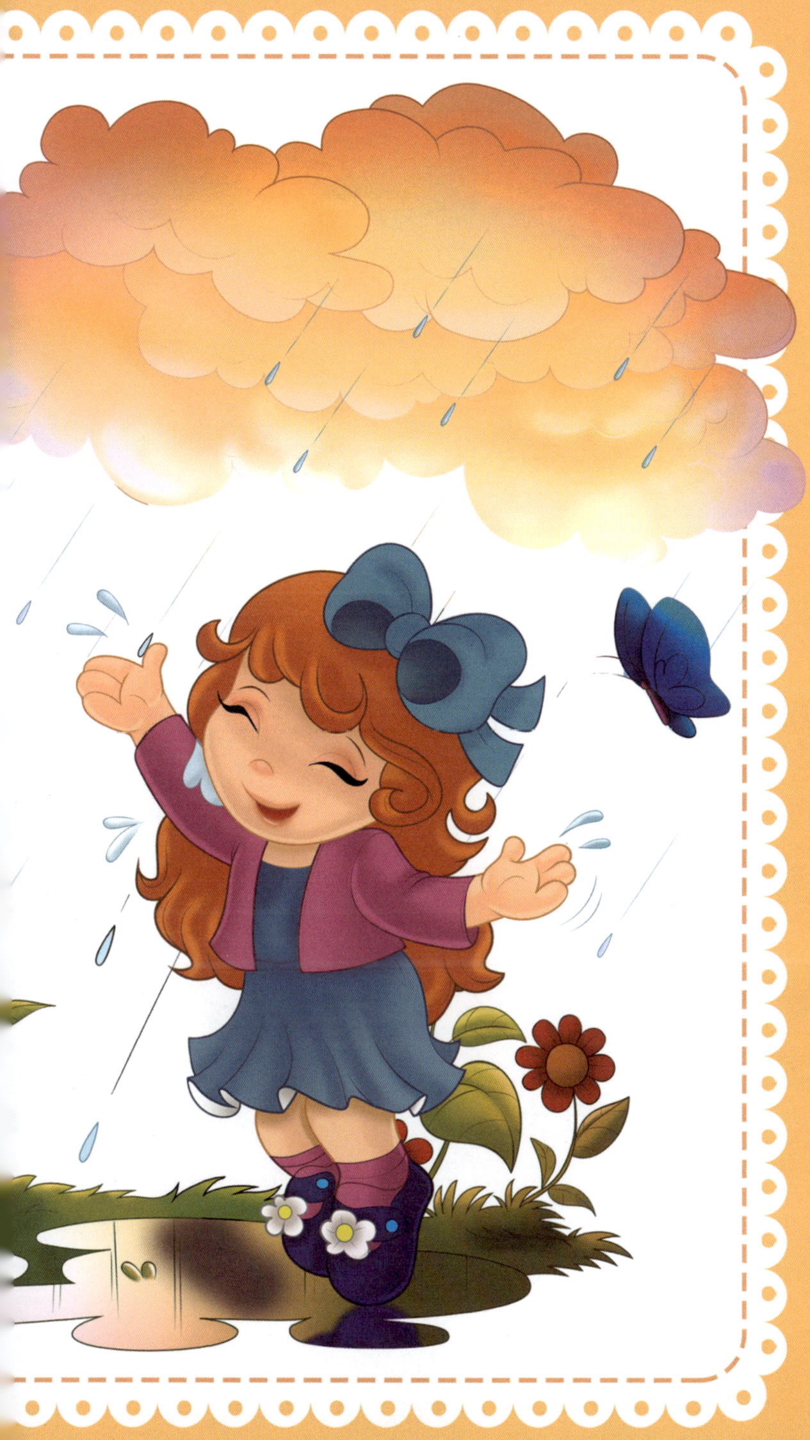

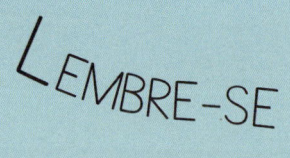

Lembre-se de que é sempre mais **escuro** antes de **amanhecer.**

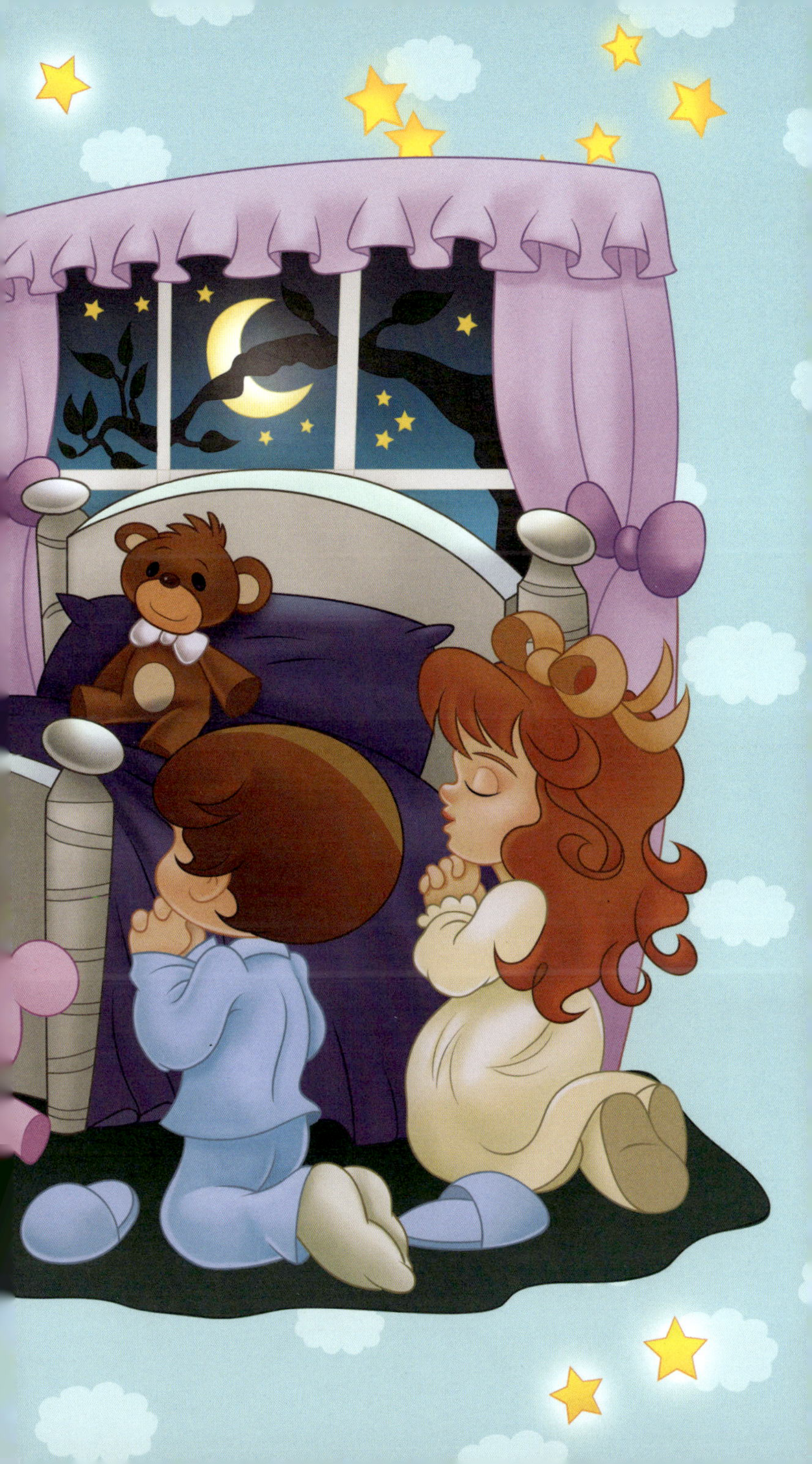

Por maior que pareça a dificuldade, sempre há uma **LUZ** no fim do túnel!

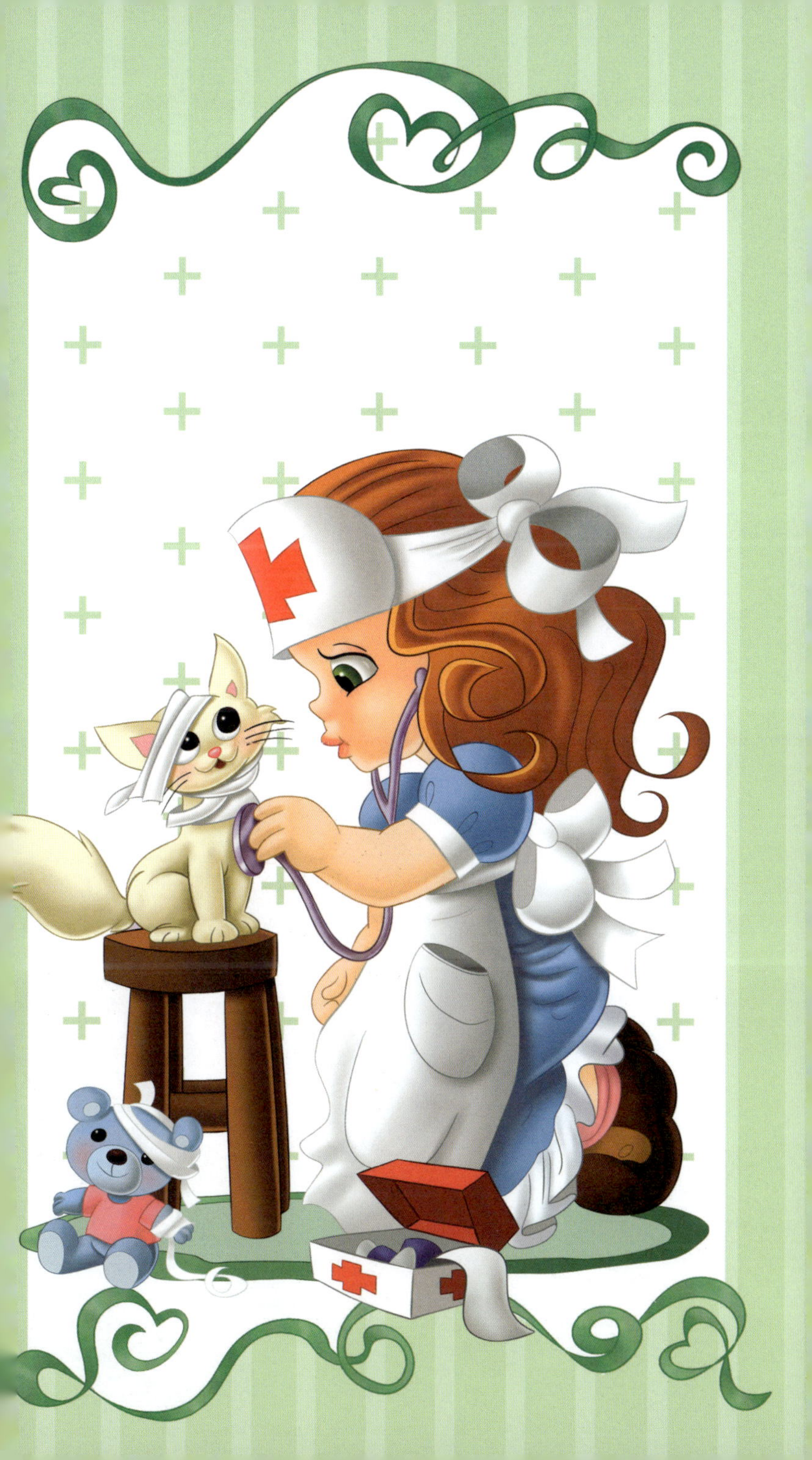

Não se esqueça de que cada um tem seu jeito e **VIAJA** pela sua **PRÓPRIA ESTRADA.**

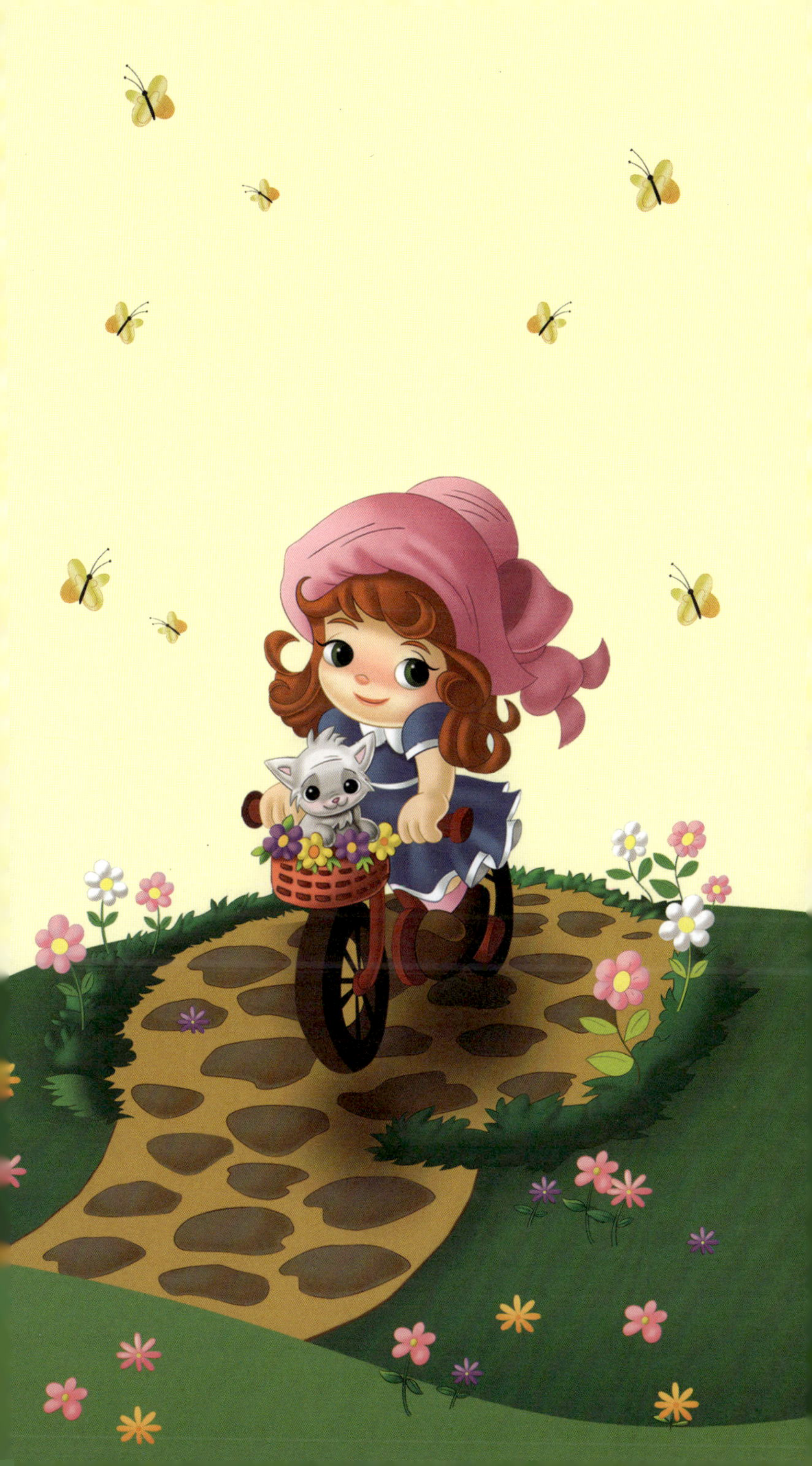

Nunca desanime!
Vá no seu
**PRÓPRIO
RITMO!**

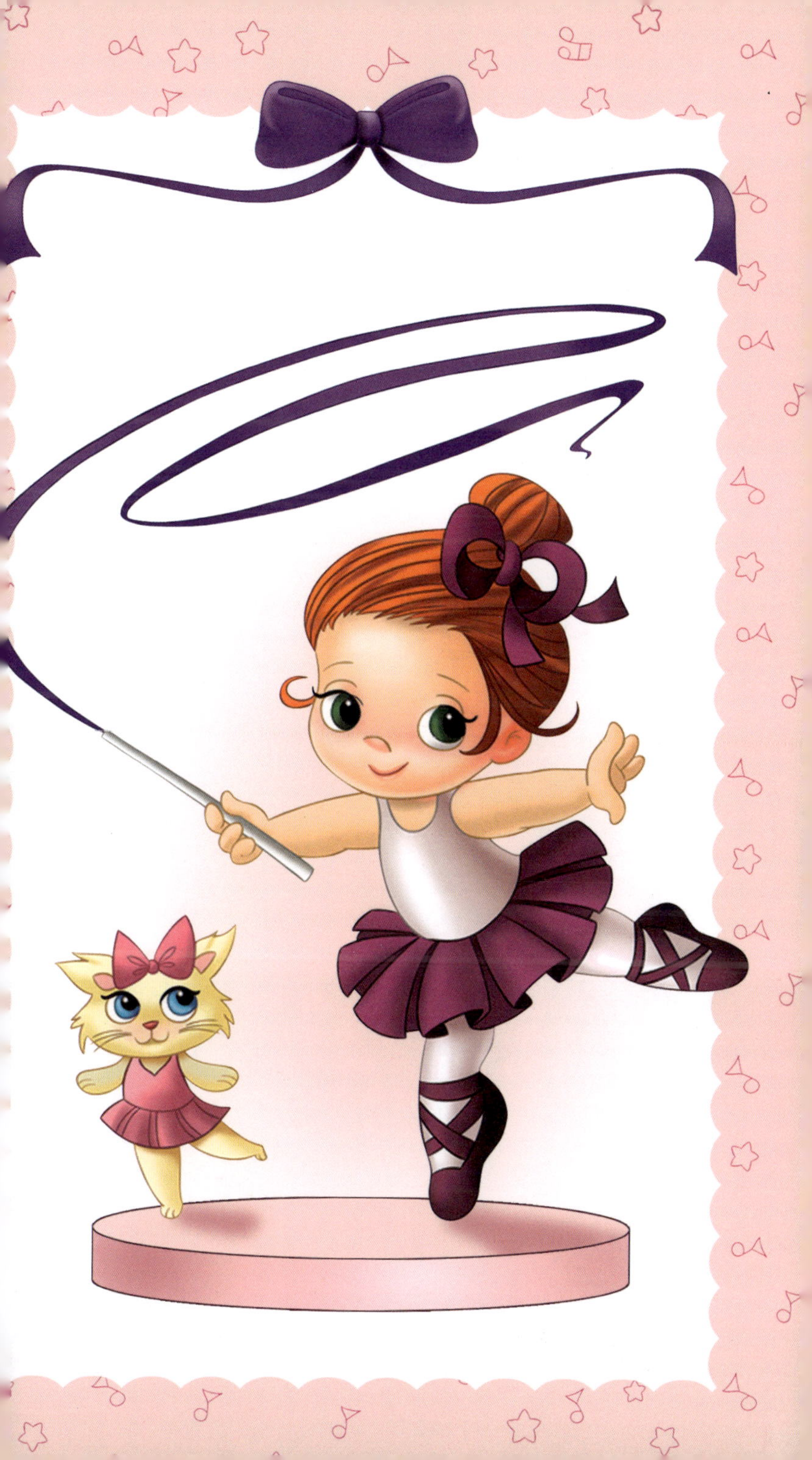

Lembre que você sempre pode pedir ajuda!

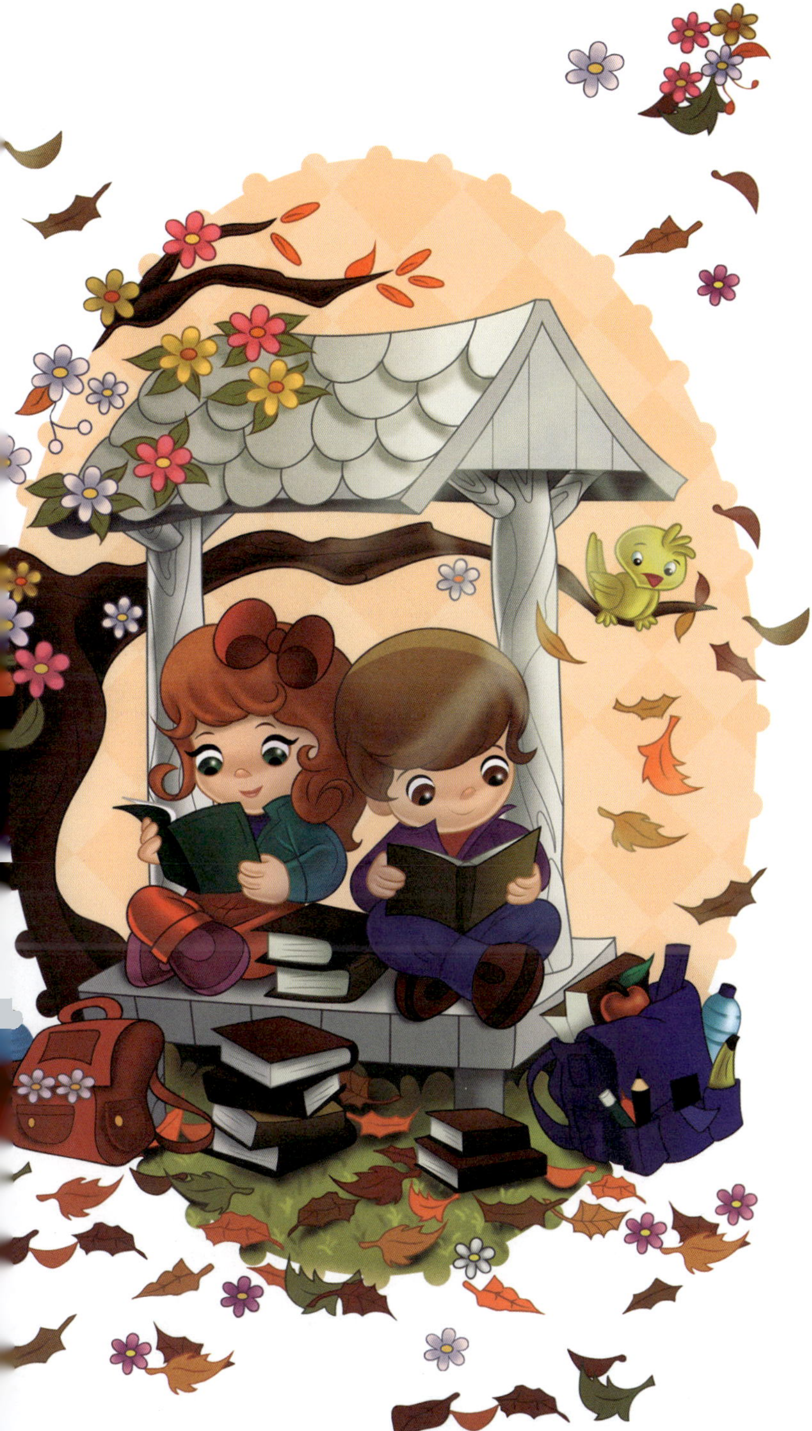

Trabalhar em **EQUIPE** torna a tarefa mais **FÁCIL.**

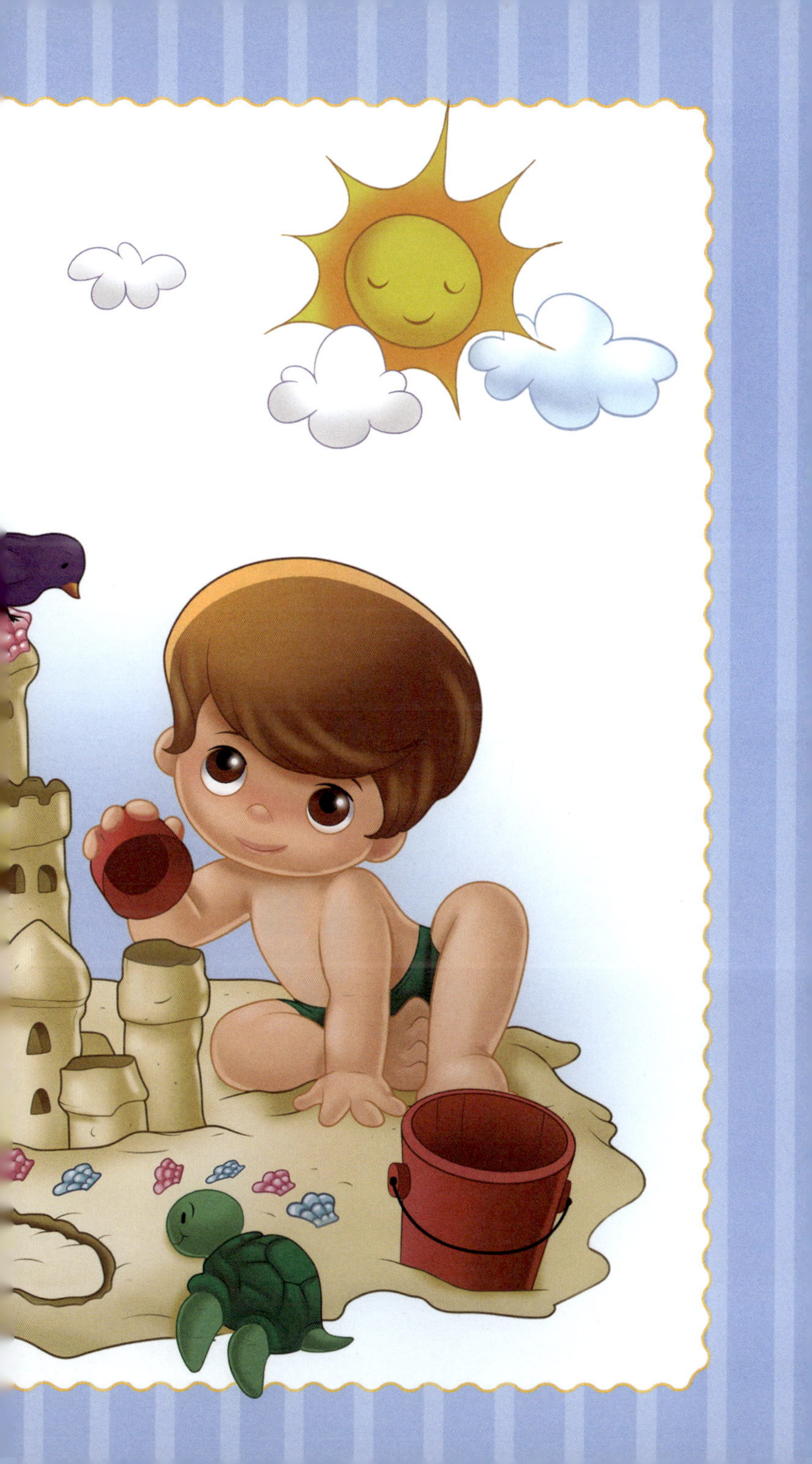

NÃO DEIXE QUE UM POUCO DE

MAU TEMPO

FAÇA VOCÊ PARAR!

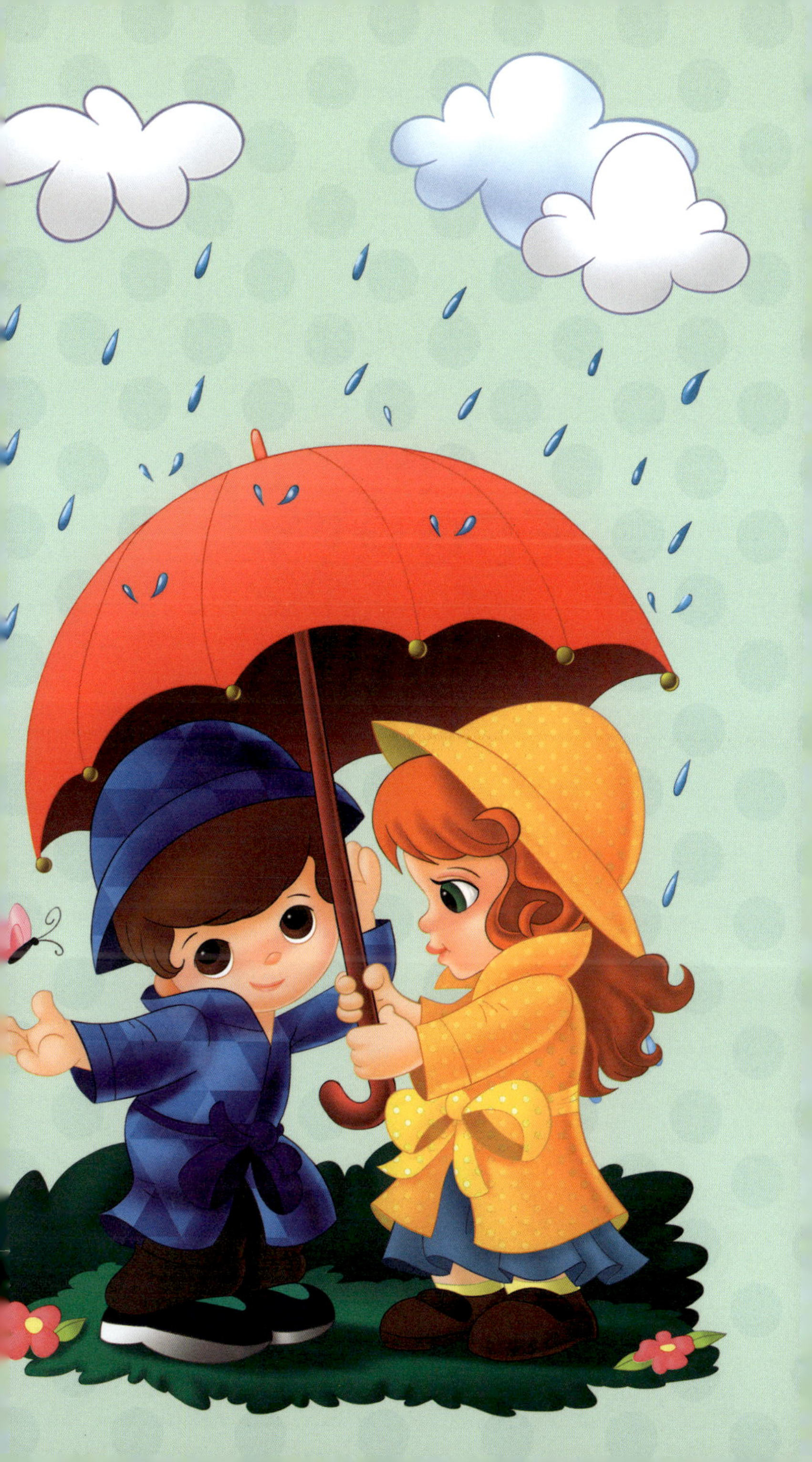

NUNCA SE **ESQUEÇA** DE ONDE VOCÊ VEIO.

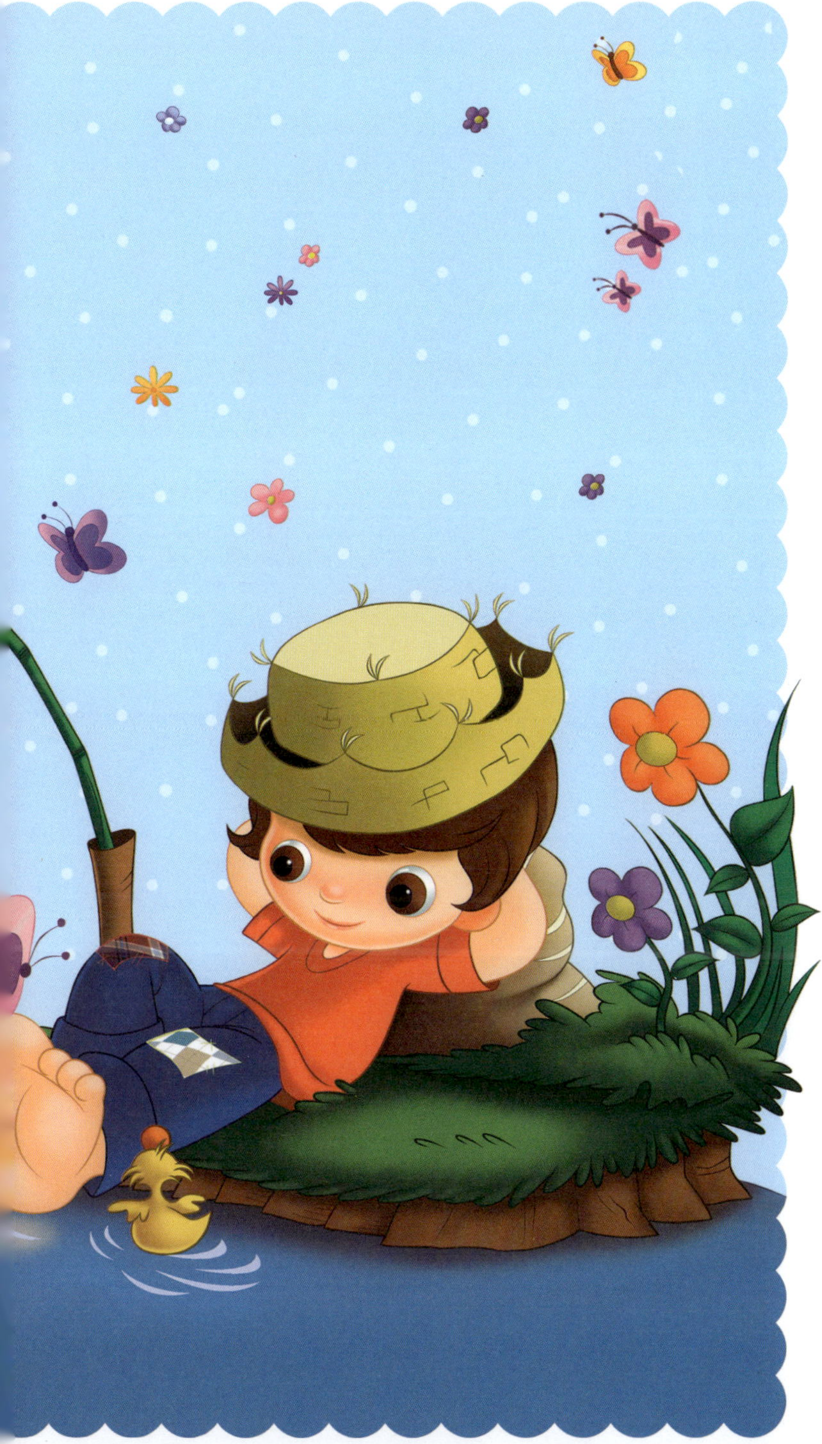

É BOM

FAZER UMA **PAUSA**

DE VEZ EM QUANDO.

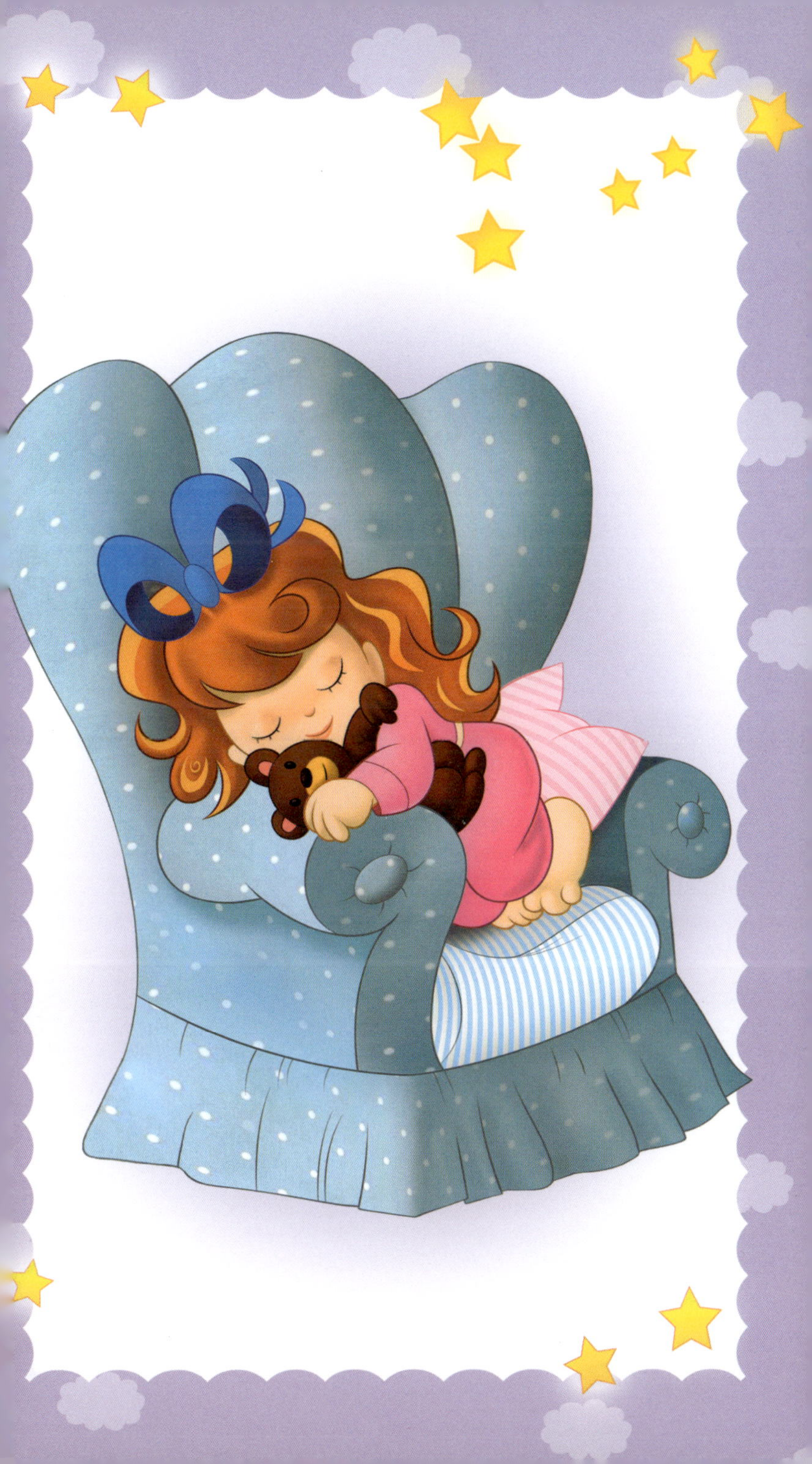

Então, reserve um tempo para estar em **FAMÍLIA** e **AGRADECER** pela alegria da **VIDA**.

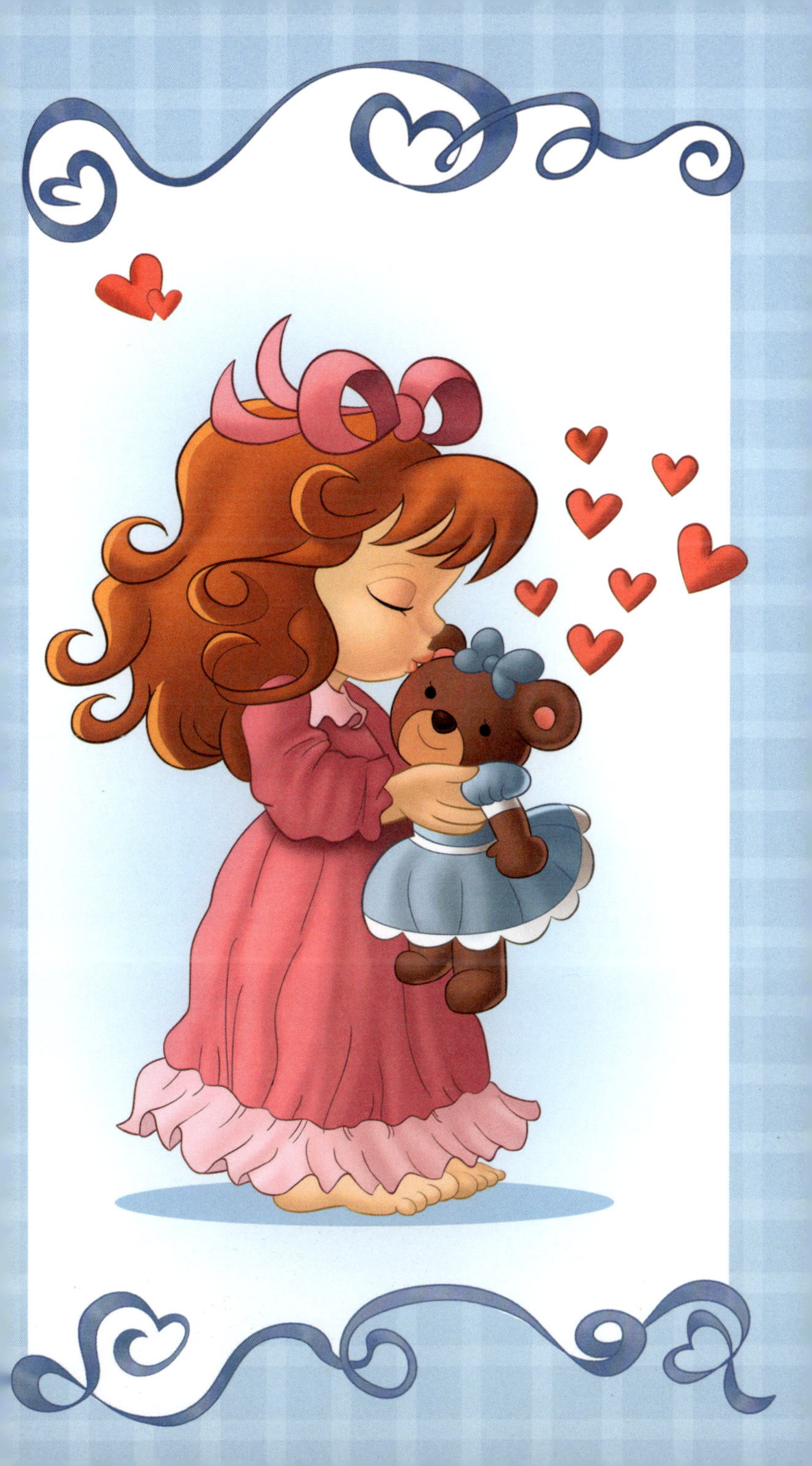

Lembre-se de **OLHAR** e **APRECIAR** ao redor durante a **CAMINHADA!**

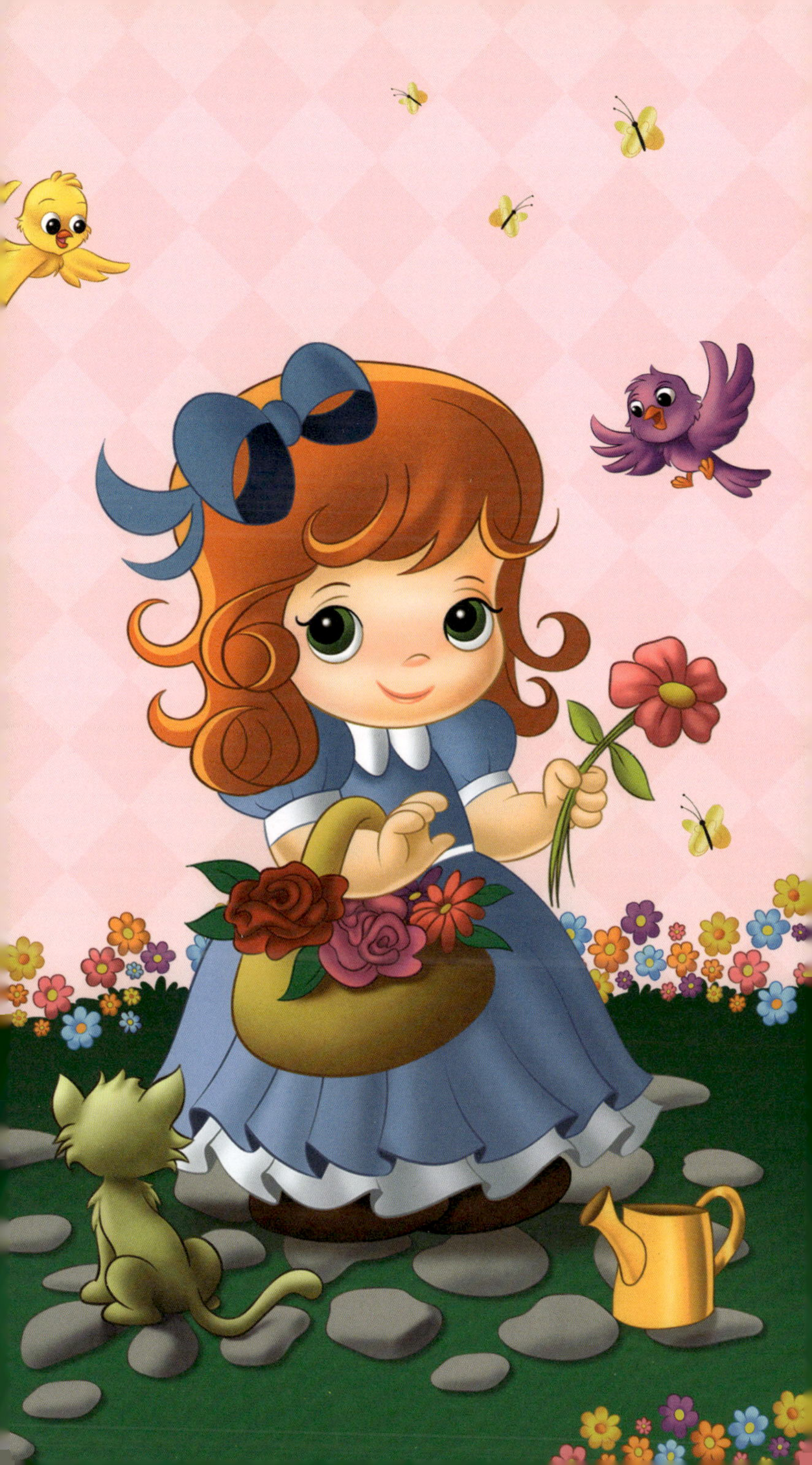

TIRE UM TEMPO PARA

DIVERSÃO

E BRINCADEIRAS.

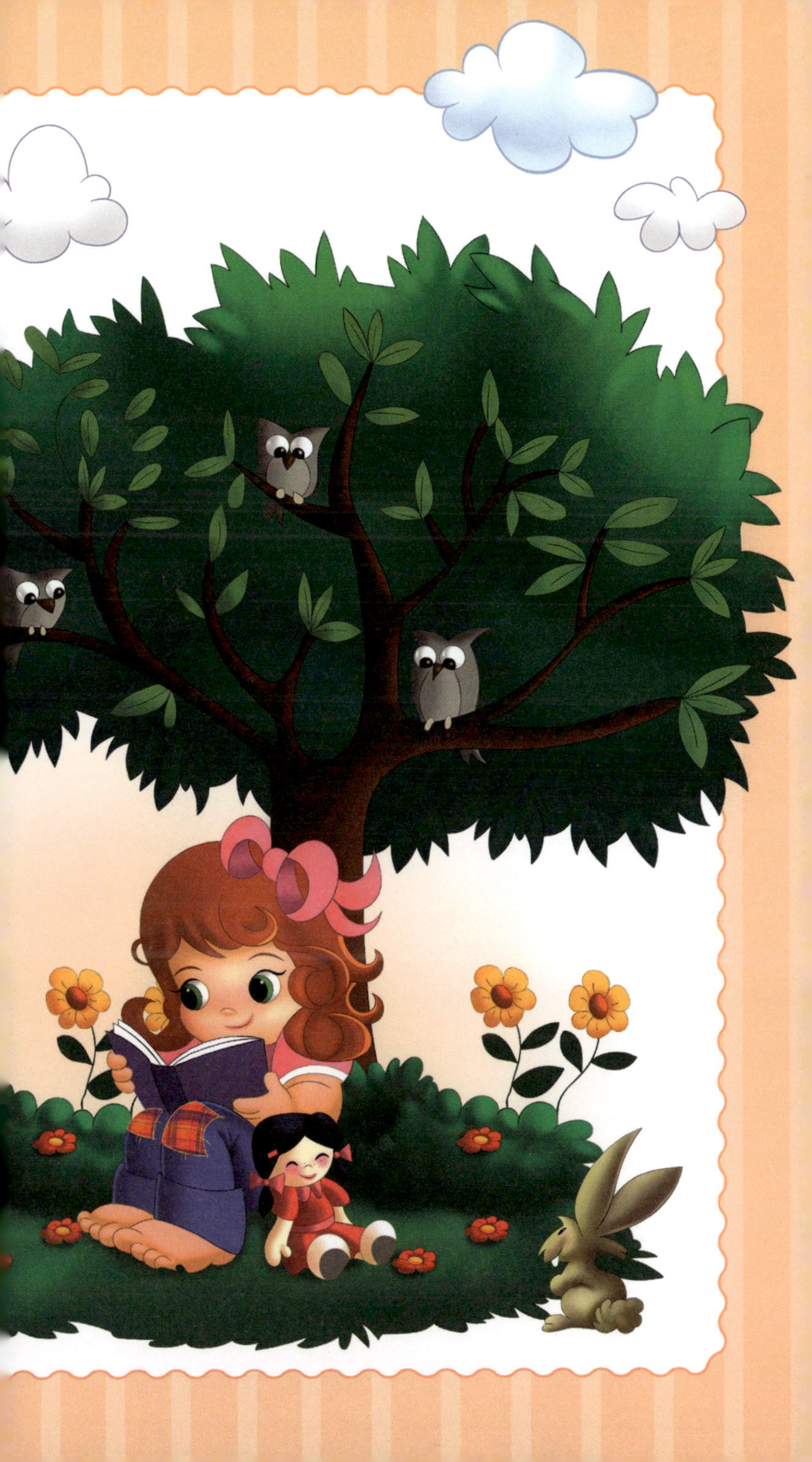

Ter uma atitude

POSITIVA

sempre ajuda

quando as coisas

ficam difíceis.

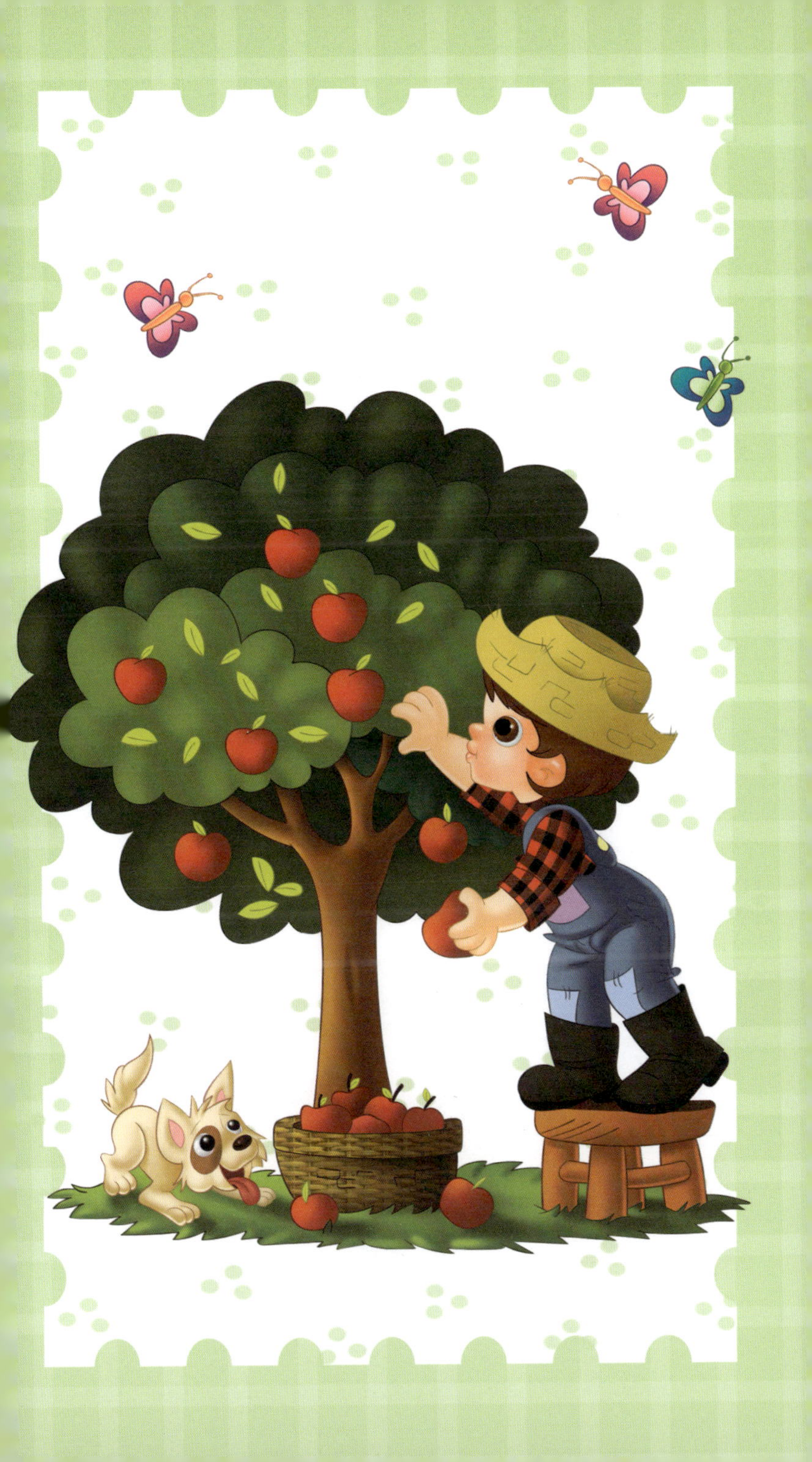

Ter diversos tipos de **AMIGOS** nos leva a muitos tipos de

DIVERSÃO!

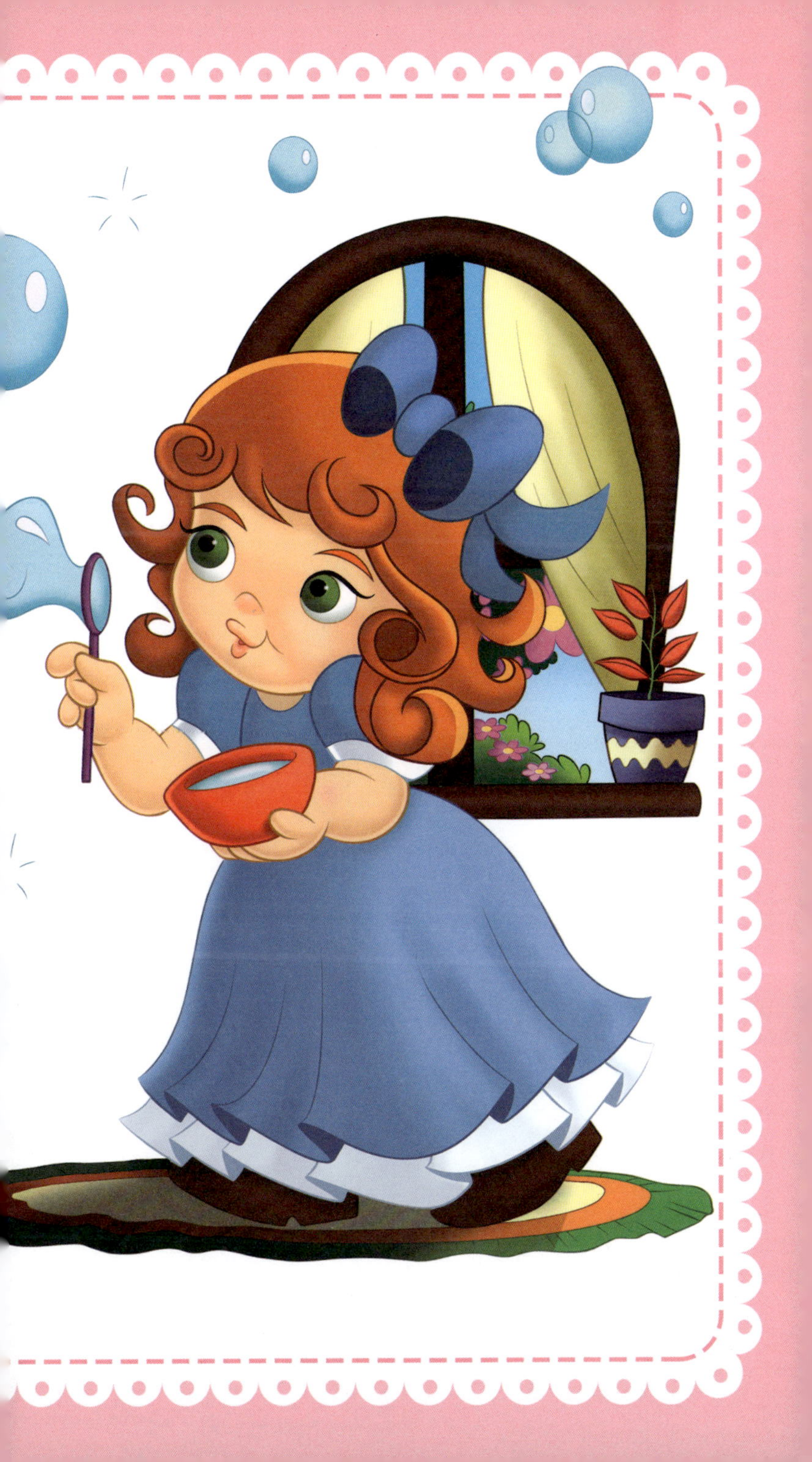

ÀS VEZES, TODOS

NÓS PRECISAMOS

DE UM

EMPURRÃOZINHO!

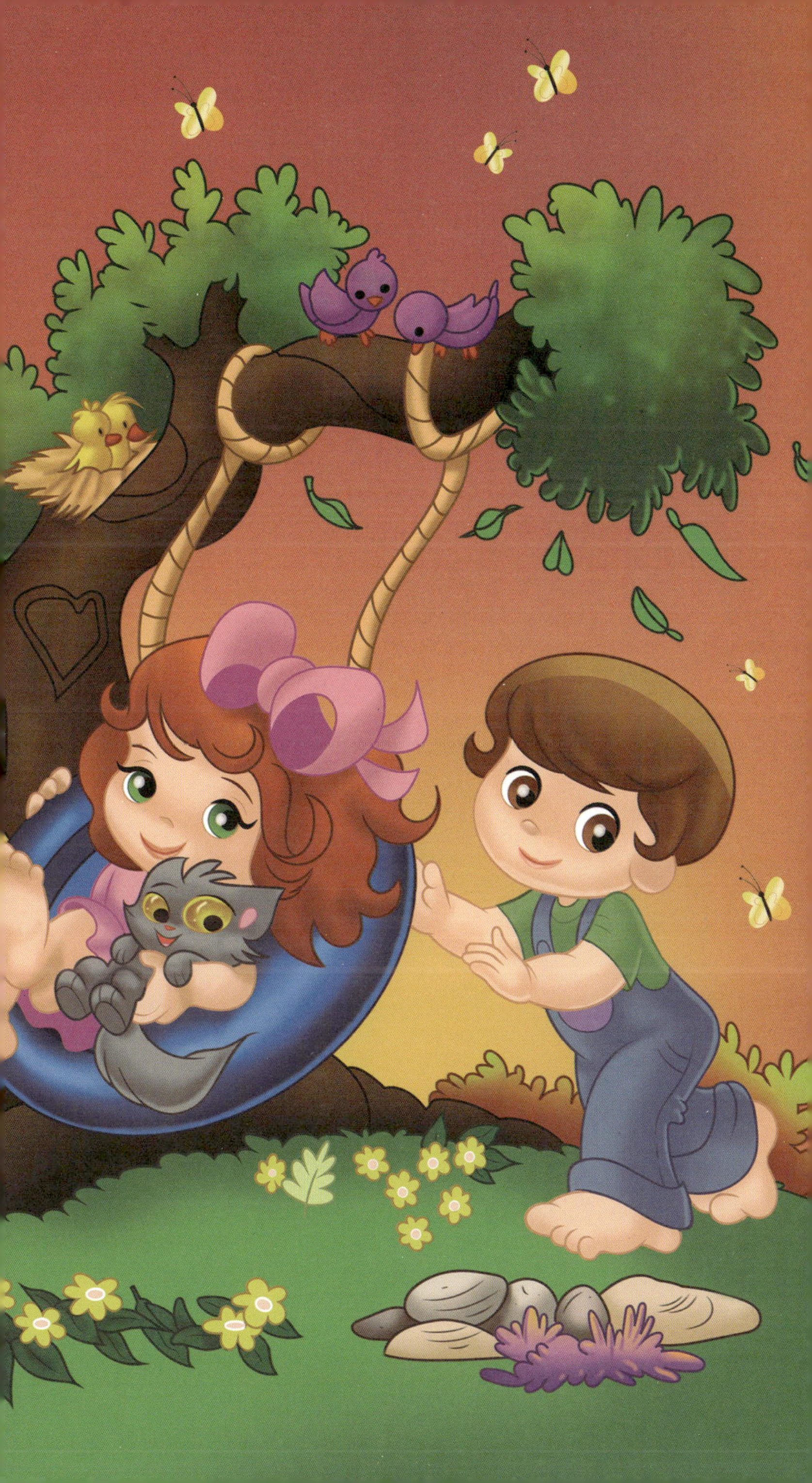

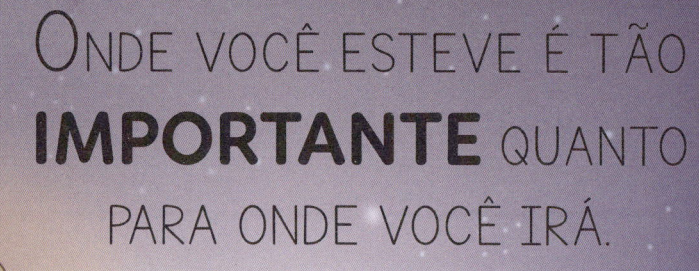

ONDE VOCÊ ESTEVE É TÃO **IMPORTANTE** QUANTO PARA ONDE VOCÊ IRÁ.

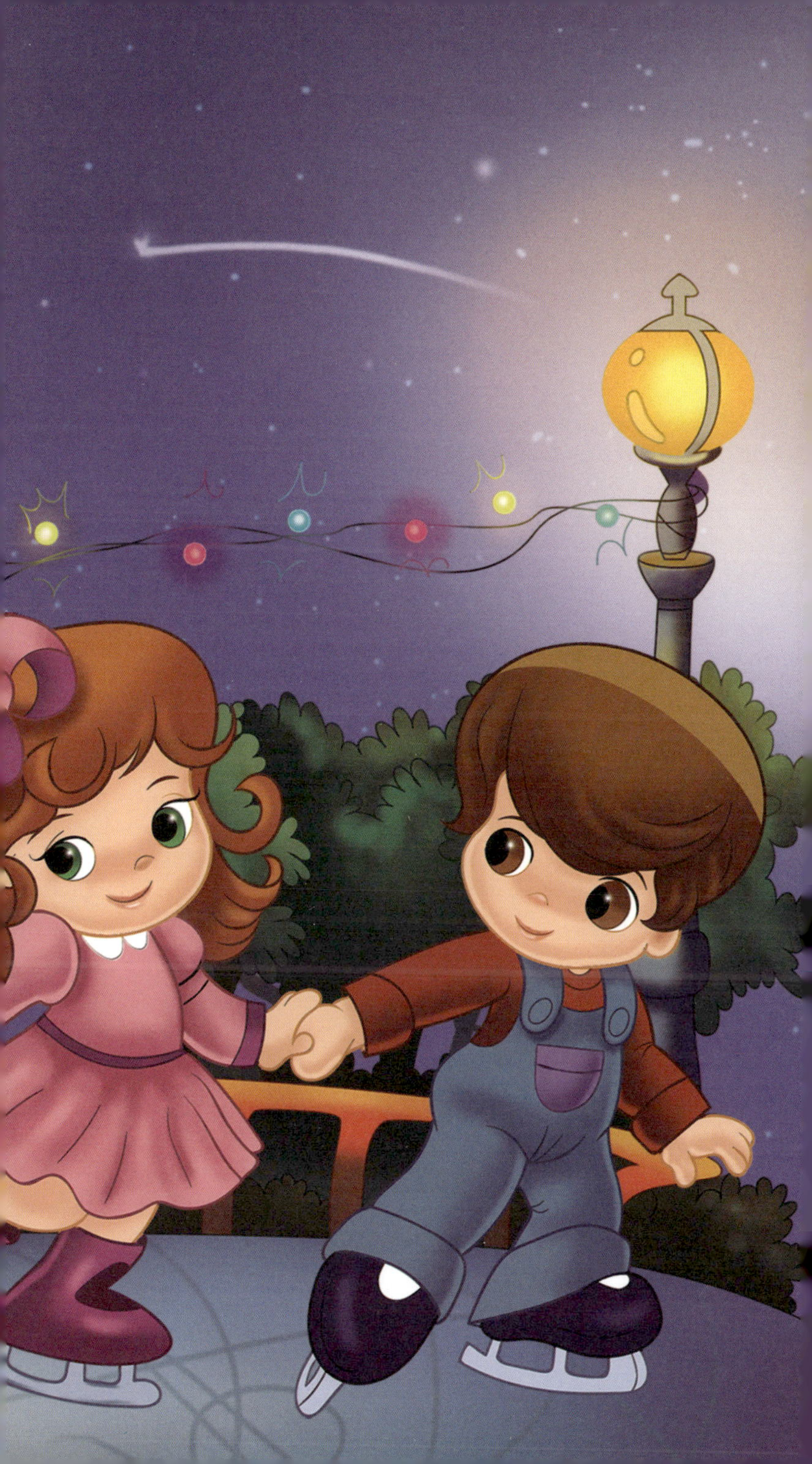

Você pode **CONSEGUIR** qualquer coisa que se **PROPUSER** a fazer.

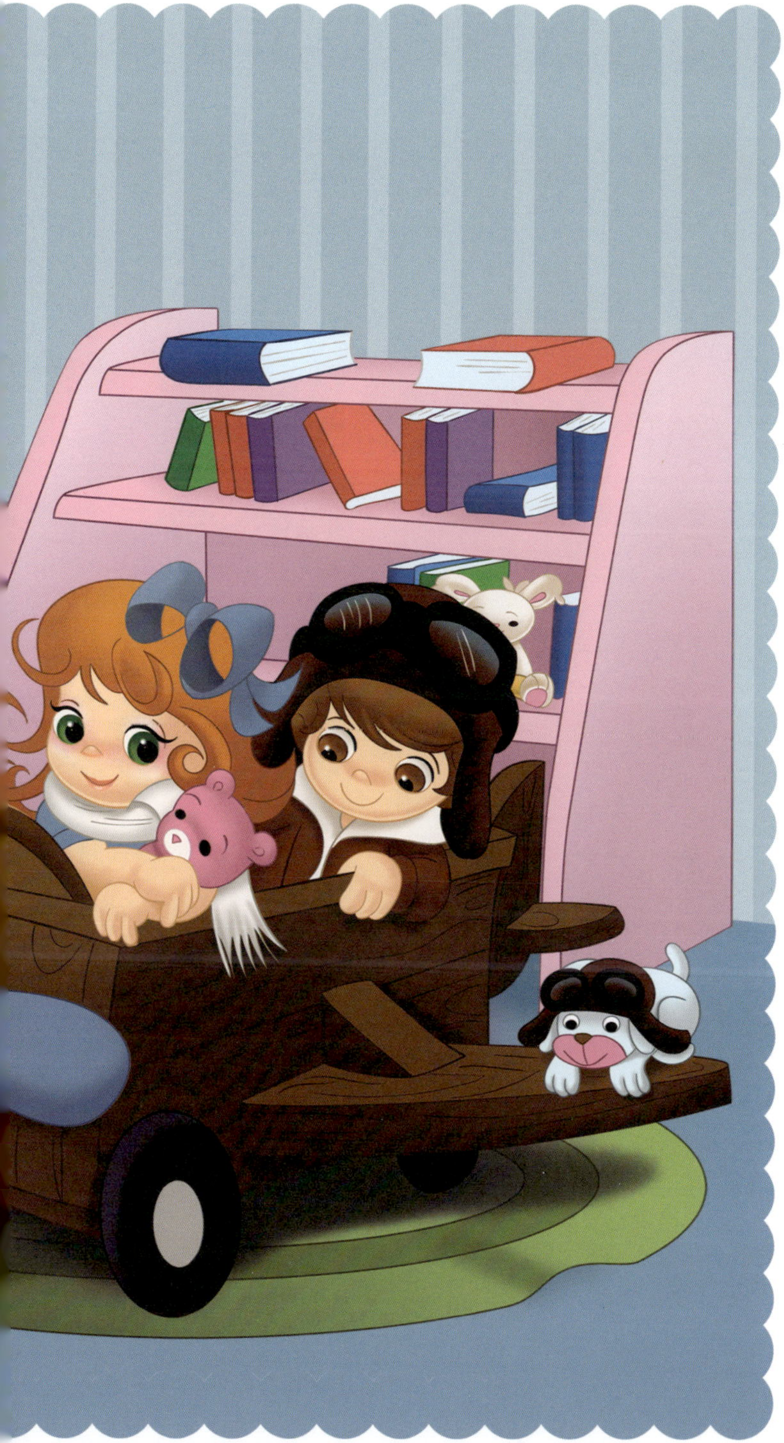

NÃO HÁ LIMITES

PARA UMA **MENTE**

EM CONSTANTE

APRENDIZADO.

ESTEJA PREPARADO...

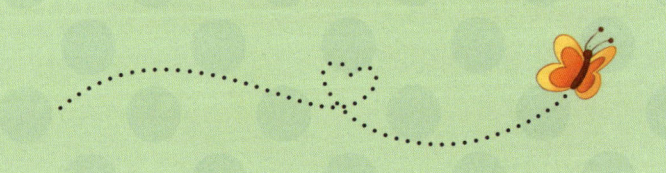

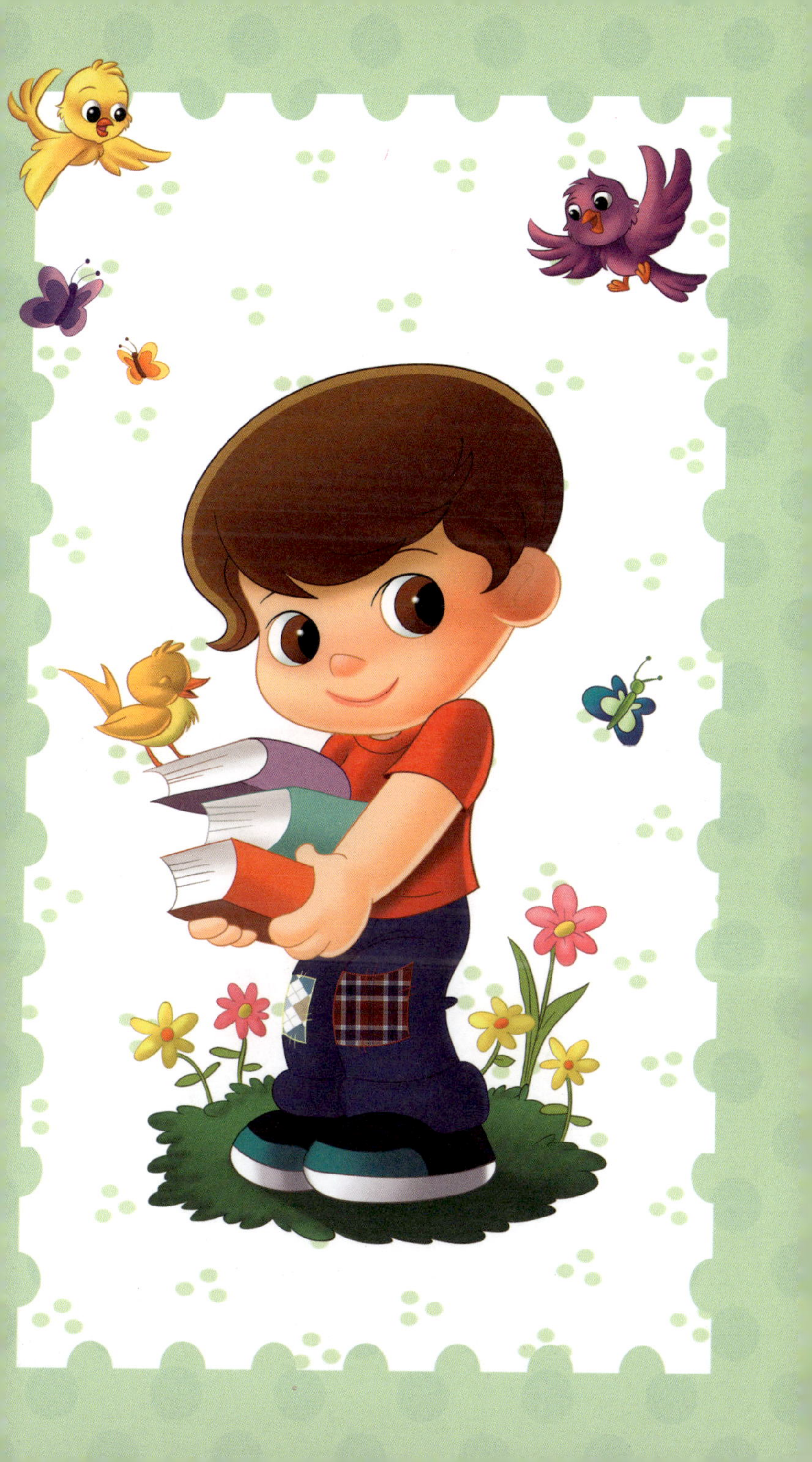

Cada nova trajetória é uma **OPORTUNIDADE.**

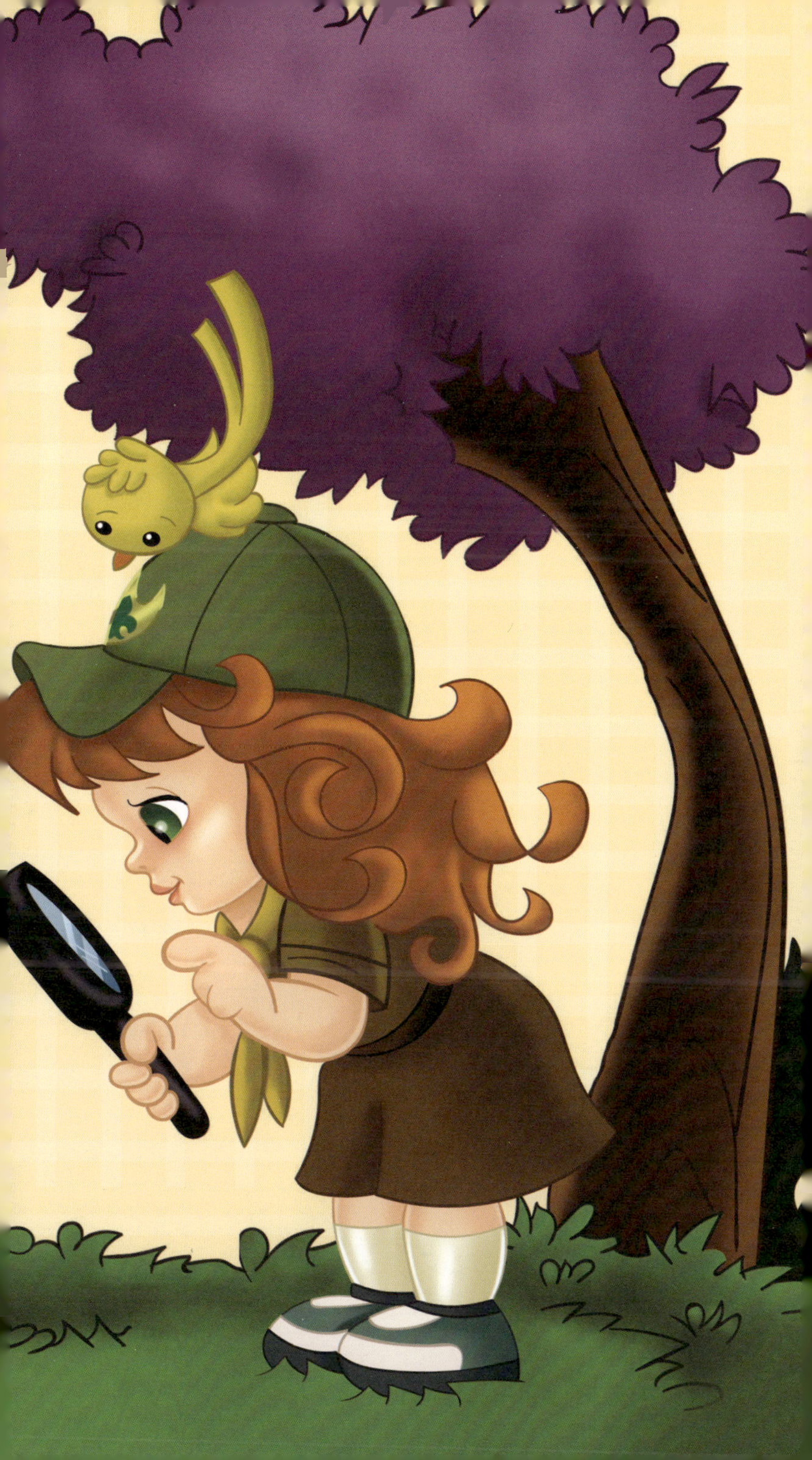

Se você

pensar que vai

CONSEGUIR...

você consegue!

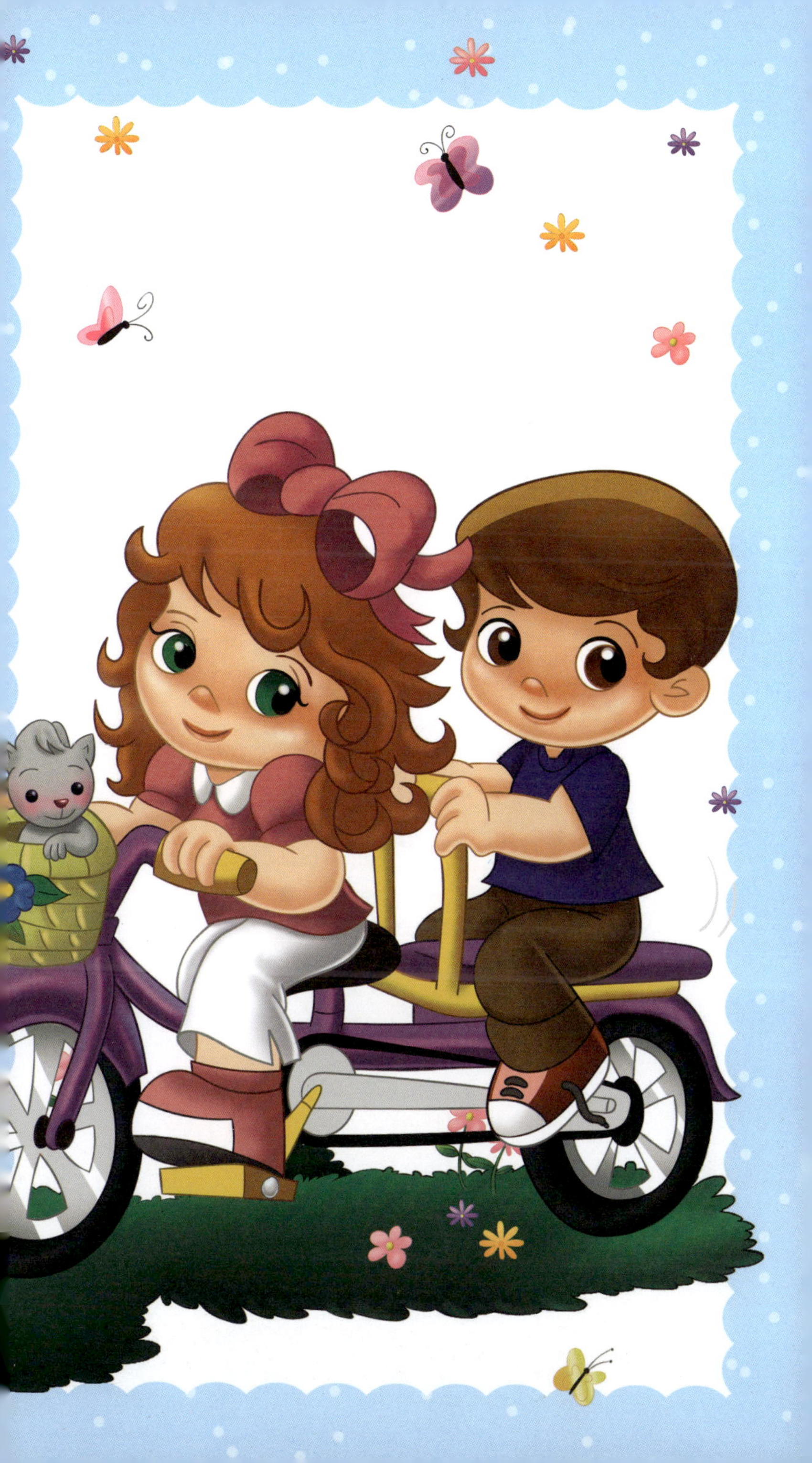

ENCONTRE **AMIGOS** DIVERTIDOS PARA COMPARTILHAR DIAS **FELIZES!**

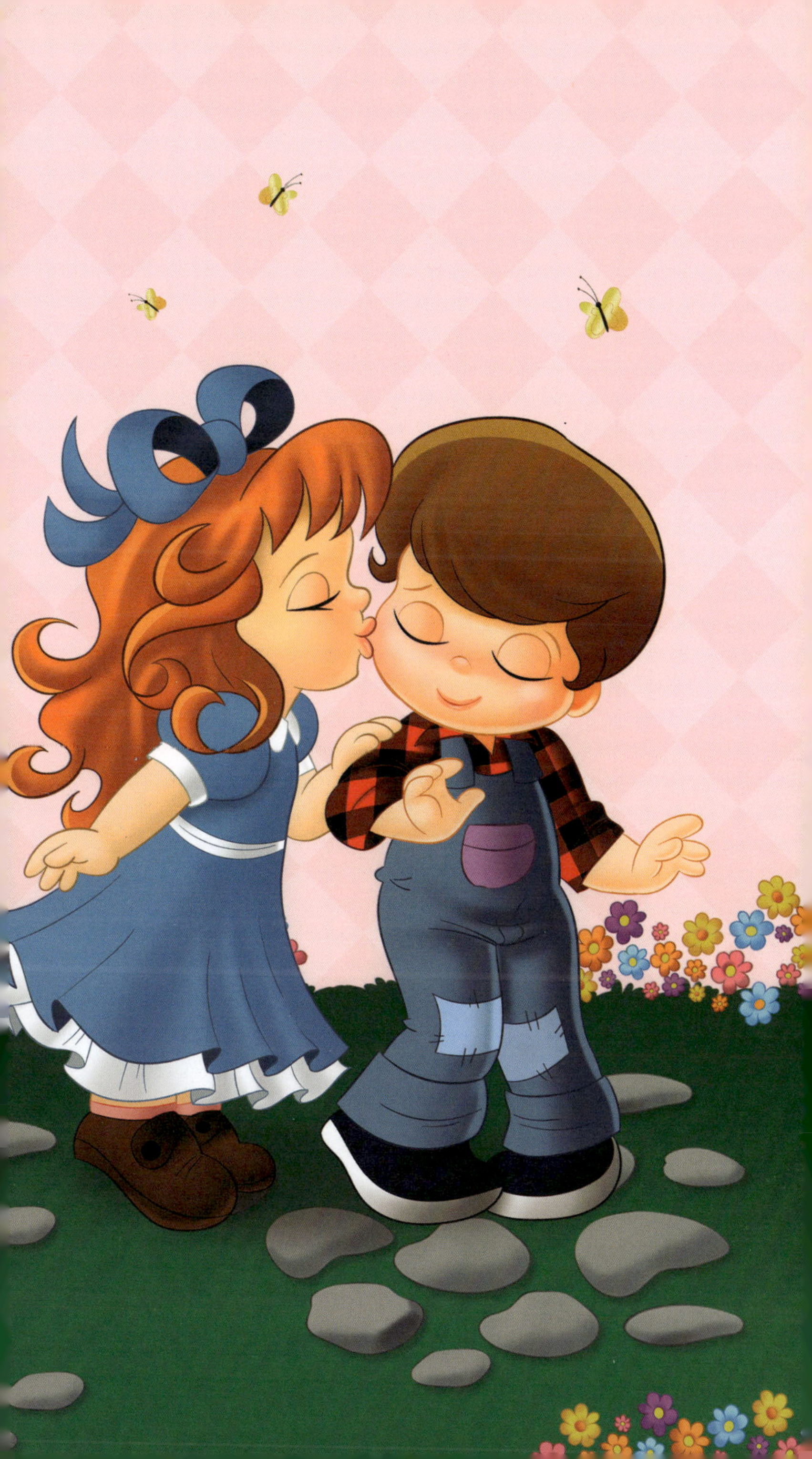

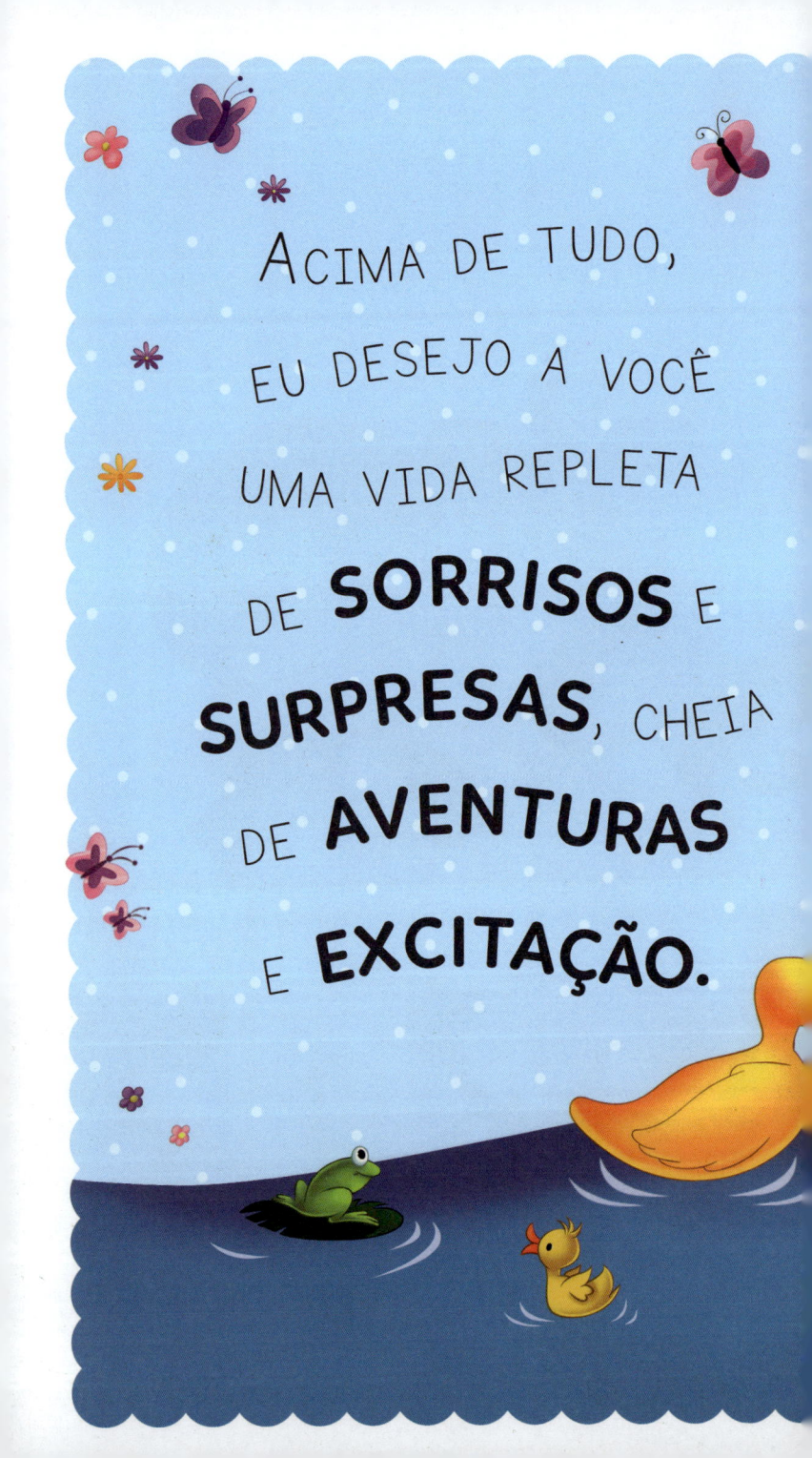

Acima de tudo, eu desejo a você uma vida repleta de **SORRISOS** e **SURPRESAS**, cheia de **AVENTURAS** e **EXCITAÇÃO**.

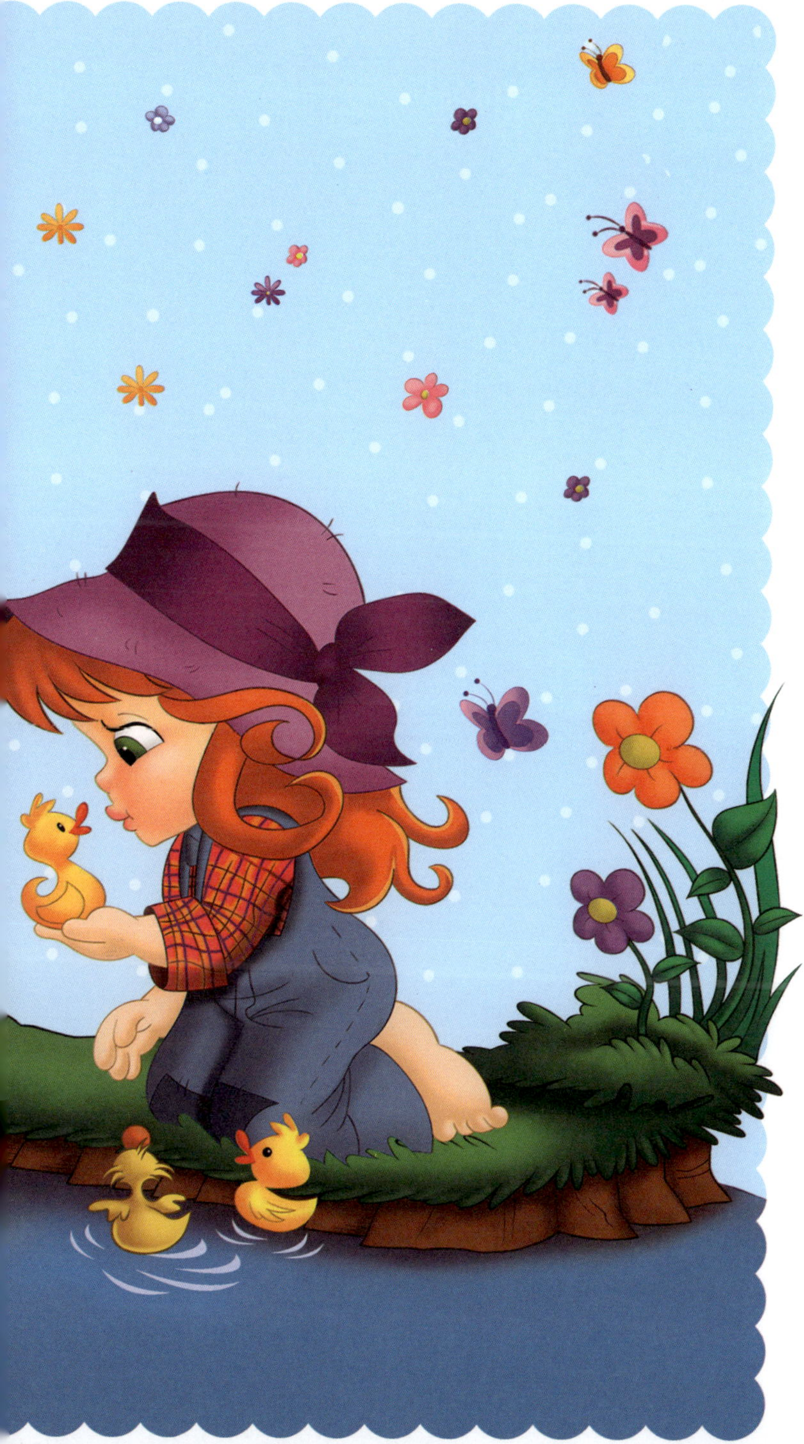

SBN EDITORA

©TODOLIVRO LTDA.

Rodovia Jorge Lacerda, 5086 - Poço Grande
Gaspar - SC | CEP 89115-100

Texto:
Ruth Marschalek

Ilustração:
Belli Studio

Revisão:
Karin E. Rees de Azevedo

IMPRESSO NA CHINA
www.todolivro.com.br

Dados Internacionais de Catalogação na Publicação (CIP)
(Câmara Brasileira do Livro, SP, Brasil)

Marschalek, Ruth
Estrela guia: você consegue! Conselhos preciosos / Ruth Marschalek;
[Ilustração: Belli Studio].
Gaspar, SC: Todolivro Editora, 2022.
(Coleção clássicos universais)

ISBN 978-85-376-4377-8

1. Comportamento - Literatura infantojuvenil 2. Determinação - Literatura infantojuvenil 3. Literatura infantojuvenil 4. Motivação - Literatura infantojuvenil 5. Valores (Ética) - Literatura infantojuvenil I. Belli Studio.
II. Título.

19-27301   CDD-028.5

Índices para catálogo sistemático:

1. Literatura infantil 028.5
2. Literatura infantojuvenil 028.5